U0935380

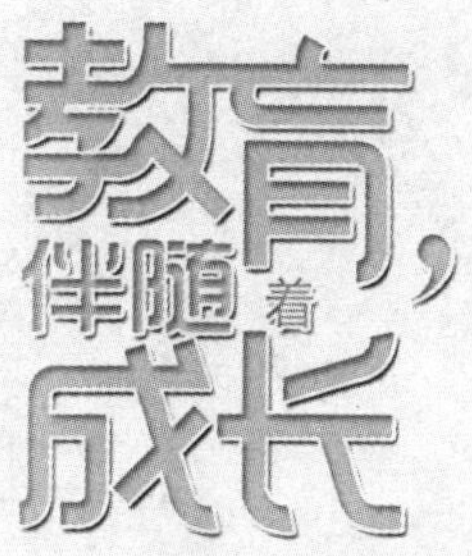
教育，
伴随着
成长

教育，伴随着成长

编著／蔡朝阳／

山西出版传媒集团　山西教育出版社

序　言

我想要每一个童年都被温柔对待

蔡朝阳

作为一个教育者，同时作为一个父亲或者母亲，回首自己的成长经历，会越来越觉得童年的重要。

教育的重要性就在于，在你不知不觉的时候，教育就已经塑造了你。而你，却要用余生去理解这一点：教育，究竟在你身上起到了什么作用。之后，你才可能明白：你何以是你，我何以是我。

但这也仅是可能而已，也许你至死都不明白这些问题。

认识自我，疗愈自我，是人一生的任务。

疗愈，是一个温暖的词语。有时候我宁愿把它说成是和解。你越是了解自己，就越能与自己和解，越能获得一种笃定的心态，以及在这笃定里发出一种之前所没有的力量。这是我做了20年高中语文老师、14年父亲之后，对教育的体认。

这里的教育，更多地指向家庭教育。在原生家庭之中，在与家人父母的相处之中，儿童形成了他自己的人格、情感、思维方式、话语逻辑……至于之后的学校教育，即便有很多重要的影响，也很难再进入这个生命最初形成的那些核心之中。

早期教育的重要性，还远不曾为人所了解。因为人们看到的多是那些外显的部分，而不是那些包裹在表象背后的、更深沉的内容。

这是我称自己为“儿童服务者”的最重要的原因之一。因为，我想要每一个孩子的童年都被温柔对待。虽然我们常说童年无忧无虑，但童年的艰难，其实远超过我们的想象。

很多从事儿童教育的有识之士，都会有一种共识：童年并不是无忧无虑的，童年自有童年的艰难。而且这个艰难，一点儿也不比成年人的艰难更少或者更轻。然而即便你知道有这些艰难，也无法替代孩子们去经历这些艰难，同时把他们留在蜜糖罐里。这既不可能，也完全没有必要。

面对孩子们成长中的艰难，我们唯一能做的事情，就是理解和陪伴。孩子需要的是一个守护者。一般而言，父母或老师就是守护者。有了这个守护者，孩子们的童年，便会被赋予一种安全感。

我看过一个叫作《猩球崛起》的电影，大猩猩获得了超过人类的智慧，获得了地球的主宰权。这个时候，两只领头的大猩猩，在如何对待人类的问题上发生了争执。一头大猩猩叫凯撒，他主张与人类友好相处；另一头大猩猩叫科巴，他对人类充满了敌意。

为什么对于人类，两只大猩猩会有如此截然不同的态度？其实，原因很简单。凯撒在一个科学家的家里长大，它的童年，是被当作家人一样对待的。而科巴在实验室里长大，他受够了实验人员对它的虐待。也就是说，曾经被温柔对待的猩猩，他对世界的认知是平和、温暖、充满善意的。而在暴力环境中长大的猩猩，他的世界是由暴力、阴鸷、敌意和不信任构成的。就这两只猩猩的个体命运而言，凯撒收获了爱情，因为他曾经被人类爱过，所以也懂得如何去爱。他用自我牺牲挽救了猩猩的族群。而科巴，却会将猩猩群体带入到毁灭之中。

这只是一个电影，一个极端的寓言。而我们却在教育中，不知不觉地参与塑造了我们的孩子。那么，我们是否给孩子提供了健康的世界观，以及教会他们将来获得幸福的能力？

做教育久了，成为儿童服务者久了，我接触到的孩子不计其数。孩子们必然会成长，而这个成长，很多时候需要他们自己去经历。未来的人生道路，无论平坦还是坎坷，孩子们必将勇敢地独立前行。而作为老师，作为父母，我们深刻地知道，我们完全不可能替代他们去经历这种成长。

但我们至少可以做到一点，那就是将我们自己的思考和曾经的经验，通过一封信的形式去告诉我们的孩子。纸短情长，言不尽意，但我们可以让他们知道，不论以后发生什么，也一定在某处，还有人深爱着他们，愿意给他们的成长提供独一无二的营养。这些东西，关乎外部世界的交往，也关乎心灵深处的成长。

这是一本私家信件的合集，每封信都不拘一格，各有主题。但有一点是共通的，那就是写这些信的爸爸妈妈都认为，友谊、时间、阅读、旅游、未来、情绪管理等，对于孩子的成长有莫大的裨益，都是孩子们在成长过程中至为重要的、需要他们了解的内容。而这些话题，由于学业等各种原因，常常被老师、家长所忽视。

我们不能忽视孩子心灵真实的渴求。成长是一件系统的工程，我们要在这个关键时刻，及时介入，让孩子们更好地建立与世界、社会、自我的良好关系。

孩子在成长的每一个阶段，都可能遇到意想不到的棘手问题。我们希望，这些发自肺腑的真心话，能陪伴孩子们度过成长的时光，无论这些时光是愉悦还是艰难。

这些书信的作者，每一位都身兼两职。一方面为人父母，另一方面又是知名的教育从业者。他们在工作中为人师表，受人爱戴；在家庭中，则是和蔼可亲的父亲或者母亲。他们与孩子朝夕相处，每天也被生活的日常所填满，所以他们谈论的这些形而上的、接近理论的话题，一定是卓有成效的，一定会对孩子的成长起到很好的助推作用。

他们是教育者，更是父母，他们愿意成为孩子童年坚定的守护者。就像宫崎骏电影里的龙猫，就像藤本弘笔下的哆啦A梦，在孩子成长的每一个瞬间，他们从不缺席。

目 录

记住我们的来处

——和菜虫同学谈谈城市与农村

蔡朝阳：独立撰稿人，儿童服务者。著有《寻找有意义的教育》《为什么不能把所有东西买回家》《我家有个小学生》《孩子，谢谢你带我认识温柔》等。

菜虫：

你好啊，四年级的时候，你单方面宣称已经进入青春期了，而青春期最重要的特质就是叛逆。于是，在此之后你跟爸爸妈妈的话就少了很多。话虽说是少了，但这些不多的话里，你也经常对爸爸妈妈进行质疑和否定，有时候爸爸被抢白得哑口无言，只好干笑几声以掩饰尴尬。以至于我还专门写了一篇文章，表示“不被孩子挤兑，不足以语人生”。这几天，我重读张大春先生的《认得几个字》，看到他也被自己的两个娃挤兑，不由得哑然失笑。爸爸理解，这大概就是你们的成长吧。

当然，我确实认为你有质疑的权利，也相信你有能力安排自己的生活。所以前几天晚餐桌上，我们聊起了这个话题，成年人不应该把自己的意志单方面强加到孩子的身上。我在观念上不愿意强迫你，但有时候你却完全不听话，爸爸难免也会恼羞成怒。相信这样的失态，你也见过很多次了。

在我们的几次争吵中，有一件事情爸爸到现在还是耿耿于怀。今天写这封信，也是为了跟你来聊聊这件事。那就是，爸爸为什么希望你多回几次农村老家。

其实，你小时候还是很愿意回去的。那边有山有水，有田野有庄稼，挺好玩的，至少总比待在城市的家里好玩，公寓楼、格子间，很单调。随着你慢慢长大，你变得不爱回去了。去年为了放假回不回老家的事，我们还争执起来了。爸爸想带你回家，去见见爷爷奶奶，可是你觉得假期只有这么几天，还要回老家，很不情愿。当时你说了一句话，还是很令爸爸诧异且震惊的。你说：“那是你的老家，不是我的老家。”

当时，我听了这句话后沉默了。我在反思，在观念上，我不希望把自己的价值观强加到你身上，但是在现实中还是不知不觉这么做了。因此，遭到你的强烈反击，也是可以理解的。

你说得很对，那是我的老家，不是你的老家。我生长在草塔这个地方，所有的童年记忆都与这个镇子有关，最好吃的，最好听的，最好玩的，都在这个镇上，因此对这个镇子充满感情。而你则不同，你出生在妇幼保健院，成长在城市综合体的购物中心，最好吃的食物是进口巧克力，最好看的动画片在超大银幕影院……

爸爸是一个农村来的孩子，而你是在现代文明城市长大的孩子。我需要把这个区分清楚后才能理解，对于草塔这个镇子你究竟有怎样的感受。这一点，我也跟奶奶讲过。奶奶也感慨，你长大了，不爱回老家了，而豆豆哥哥呢，即便现在已经在康奈尔大学念书了，但还是很想回草塔。最近一次回来，一下飞机就说，想要回来吃家乡的食物。但豆豆哥哥跟你还是不一样。豆豆哥哥生长在草塔，而你不是。

但是，爸爸特别希望你多回农村老家，不仅是因为爸爸喜欢回去，也是因为我想让你了解爸爸是怎么长大的，这样将来我们之间的隔阂就可能少一点，交流起来也更顺畅。此外呢，我还有一个比较大的愿望，希望你能更加了解农村，只有了解了农村，你才会更了解中国。因为中国是从一个农耕国家发展到今天的。最后一点，尤其想要跟你聊聊。

中国，以前一直是一个农耕国家，只是近几十年来才飞速进入工业化、信息化和人工智能时代的。我们在一起读《万历十五年》时，发现当朝大学士的一个主要任务就是治理黄河水患。为什么呢？因为黄河是中原地区灌溉系统的核心，关系着黄河流域广大人口的生计。具有几千年文明历史的中国，就是以农耕文明为主，灌溉系统至关重要，所以我们总是看到，历史上很多地方官员都会因为治水、兴修水利工程造福民众而被后人记住。比如主持修建都江堰的李冰，修建了绍兴鉴湖的太守马臻。

可是近几十年来，确切地讲是爸爸成长的这些年来，我们中国经历了翻天覆地的变化。我用晚清士大夫的一句话来形容这个时代：三千年未有之大变局。几十年间，我们从农耕社会飞跃至信息时代，变化来得太快，以至于我们这些生活在城市里的农村人，经常感到无所适从。而你们这一代的孩子呢，与农村的隔阂变得越来越大。爸爸不是经常讲一个小朋友的笑话吗，他到四年级还认为排骨是树上长出来的。

变化太大、太快，太具有颠覆性，使得我们时常会茫然失措。像爸爸这样农村长大的读书人，就会产生一种所谓的“文化的乡愁”，怕忘记自己的来处和根本，于是对当下和未来会有一些错误的判断，从而成为“无根的一代”。

我们可以从身边的一些小事来分析问题的本质。比如，你妈妈嘲笑爸爸开车经常被扣分。爸爸也分析过，我为什么在开车这件事上如此随意。我认为归根到底有两个原因，从宏观的角度来看，中国从农耕时代进入工业文明时代的速度太快，我还没有适应这种转变速度。而工业时代一个最重要的指标就是规则，大家都遵循社会契约和成文规则。另一个则是从微观角度来看的，就是开车人个体的素质。当然，你可以说是爸爸素质低，但爸爸自己是这样理解的：骨子里爸爸还是个农民，在马路上开车，潜意识里还以为在田埂上放牛。

无论是宏观还是微观，我认为其中隐藏着的其实是工业文明与农业文明的差异。

现代城市文明，是建立在成文的规则与规范之上的。比如交通，比如公司、学校的作息时间，比如超市购物的基本商业逻辑等。而在农村，规则意识相对淡薄。因为多数情况下，大家只要“日出而作，日落而息”就够了。爸爸也曾跟你聊过孩子为什么要上学这件事。其实，从工业革命时代以来建立起来的这套学校教育体制，主要是为了培养具有规则意识的现代人。当然，到了当下，这套制度在很多方面都落后了，这也是我们大家有目共睹的。

虽然我知道你是一个“00后”的孩子，是一个成长于现代文明城市的孩子，我还是想要你知道，农村究竟是什么。我想让你知道水稻是如何生长的，想让你知道采茶叶有多辛苦，也想让你知道，爸爸这一代人，年幼时是怎么玩耍的。

好几年前，大概你四五岁时，有天傍晚，我带你去世茂广场散步。经过五云桥时，爸爸看见一位老人坐在桥头，摇着一个机械装置，下面还烧着火。我一看就知道，他在卖爆米花。

爸爸小时候吃的爆米花，就是这种机器做出来的。一个密封的铁质罐子，像微缩版的水泥搅拌车，在罐上加热，里面是各种准备做成膨化食物的材料，年糕干、玉米粒之类的。等到时间差不多了，做爆米花的师傅会把罐子从火堆上移开，猛地一下子打开这个密封的容器。只见他脚踏罐底，一手擒住罐口，大吼一声：“响来了啊……”于是在一声震耳欲聋的巨响之中，一锅香味四溢、香甜可口的爆米花出炉了。因为我觉得这个情节充满了英雄气概，就像董存瑞舍身炸碉堡，所以给我留下了深刻的印象。

爆米花师傅那威风凛凛的样子，以及他炸出来的一整袋好吃的爆米花，实在是爸爸童年时最为甜蜜的记忆之一。进入40岁之后，当爸爸带着自己的孩子去散步的时候，竟然遇见了自己童年时才会遇到的场景，这真的是猝不及防。当时，我拉着你在边上看，看了很久，要引爆的时候，我又把你拉到好远，同时捂住了你的耳朵。

后来，我跟你一起，又遇见了好多次卖爆米花的小手工业者。每次爸爸都很兴奋地指给你看，但是你都兴味索然。这个时候，爸爸已经知道了，这只是爸爸自己的乡村童年，是过去的记忆的残留，而不是你的生活。对于你而言，所谓的爆米花，只是电影院看动画片时怀里捧着的一大包美国玉米。

我们各自的童年不同，我们对于世界的感知也不同。那么，我为什么还是希望你能够去了解一下农村呢?

大概在你5岁那年，我们回老家过年。傍晚，奶奶还没有准备好晚餐，于是我带你去田埂上散步。这一片田埂，就是爸爸小时候经常走的，几乎没什么变化。小时候，我们种地、割稻子、插秧、除草、放水，一直都在这里，是这些水田，产出了饱满的大米，养活了爸爸的一家人。现在，我带你去，只是想让你知道，这是一块养育了爸爸的土地。然而，因为前几天刚下过雨，田埂还有一些湿滑的地方，有几处还积了水。我一直在前面走，把你落下了大概五六米远，你突然在那边叫："爸爸。"我转回来问你怎么了。你指着田埂上的污泥说："这边有点脏。"

当时，我没说什么，只是抱起了你，转过了这片田埂。其实，听到"脏"这个字，爸爸心里很不舒服。为什么呢?因为，孩子，这是泥土，是水稻、麦子、蔬菜和你成长所需要的营养物质，怎么可能是脏的呢?你看，泥越黑，就表明它的肥力越好，越能长出饱满的作物。

可是，你是个城市人，你才5岁，我怎么跟你解释呢?

肥沃的水稻土，绵软、滋润，春天在水田里种水稻、插秧，一脚踩进水田，肥沃的水稻土会滋滋地从你大脚趾和二脚趾的趾缝间划过。我一直都在回味这种感觉，但形容不出这是种什么滋味。在你五六岁的时候，我才想起来该用什么来比喻这种水稻土。嗯，就是你最爱吃的那种东西，黏稠的巧克力浆。水稻土滋滋地从我的趾缝间冒出，简直就是《查理与巧克力工厂》里的巧克力湖泊。

当然，爸爸也反思，这样对农村生活的描述是不是太诗意了？因为我没有真正当过一个农民，顶多只是学习之余去搭把手，类似于你去乡下学农。如果我也像你爷爷奶奶一样一辈子是农民，也许我就不会这么诗意地美化农村生活，因为真实的农村生活是很苦的。爸爸见过这个苦，而你可能都无法想象。爷爷奶奶正是因为觉得自己生活苦，才一直辛勤劳动供我和大伯念书。他们的目的只有一个，就是让自己的孩子跳出农门。

为此，爸爸曾经想写一本书，全方位跟你解释农村究竟是什么。农村里的每一件事，都要付出非常艰苦的劳动。

改革开放初，农民可以在自留地上种一点经济作物，卖了可以补贴家用。我记得爷爷奶奶曾经种过韭菜。在韭菜上市的时候，凌晨 3 点爷爷奶奶就起床了，把韭菜洗好捆好，然后用两个竹箩装好，用自行车驮到几十千米外的一个镇子上卖掉。那个镇子，有大的国营工厂，工人不种地，菜和肉都需要去市场购买。凌晨 3 点，我就被爷爷奶奶吵醒了，我就躺着，听他们干活。

比起我们现在的生活，爷爷奶奶在农村的一生，真的很辛苦。不过差可告慰的是，那个时代也正是我们国家逐步走向开放的几十年，所以只要勤劳，只要有足够的聪明才智，生活确实会越来越好。我记得爷爷买了第一台电风扇，是乘风牌的，买了之后，就有很多人来咱们家吹电扇。后来爷爷又买了一台黑白电视机，西湖牌的，我就在这个电视里看完了《聪明的一休》。这样的生活经验，奠定了爸爸的乐观主义精神。我总觉得，只要勤奋，我们一直会走在上升的通道。

这些经验，你可能意识不到。你生在一个物质不匮乏的时代，有时候爸爸会觉得，你们这代人就像是晋惠帝，有种“何不食肉糜”的感觉。这也是爸爸想给你写这封信的原因之一。

当然我也很享受现代城市文明带来的方便快捷和高效。你知道，爸爸并不是一个文化保守主义者，更不是一个视现代文明为洪水猛兽的人。我之所以跟你啰唆这么多，只是想让你明白我们在安然享受这已有的一切的时候，应时不时回头张望一下我们的来路，以免忘了自己的本分。这样，下次爸爸再邀请你一起去乡下老家的时候，也许你会停下来仔细思考一下，而不是断然拒绝。

谢谢你读完爸爸这封冗长的信。

爸爸

写给未来：去成就自己的国度

白宇极：游走于体制内外，从事过十余种行业，先后做过销售主管、人力资源主管、媒介顾问等。2009 年进入教育媒体，现在运营教育自媒体“白卷”。

亲爱的可可：

那天妈妈要休息，把你推给我。我嘟囔着说：“妈妈要珍惜啊，你很快长大，就不会愿意跟我们玩了。”没想到你听见了，赶紧去跟妈妈哭诉说：“不是这样的。”这让我有点尴尬，其实这话没想说给你听，因为你还太小，未必接受得了这个道理。但它是真的，这其中的原因我只能讲给未来的你来听。

去独立

每一个人终究要独立面对自己的人生，勇敢地去走自己的路，追求自己想过的生活，这是谁也无法逆转的。人总要独立，这是一条必经之路。

因为知道这样的历程，所以在很久之前我就下定决心，一定要尽可能地教会你如何独立面对这个世界，如何能够不恐惧，不忧虑，乐观、勇敢地去面对外在的一切。

在这方面，动物远比人类做得决绝。因为要面对天敌，它们往往很快就把幼崽推到外面去锻炼。对它们而言，只有在一个真实的环境中适应下来，才有可能赢得更好的生存机会。

但人类不一样，在我们周围，很多父母都会把自己的孩子包裹严实，从小到大，全方位地保护到底。但另一方面，却又在拼命破坏、掠夺遗留给后代的环境资源。这就造成那些被严密圈养在温室中的孩子，往往缺乏生存的勇气和能力，一旦失去父母羽翼的庇护，所遇到的挫折和遭受的痛苦都非常巨大。我们不想你将来会遇到这些问题。

所以，从你一出生，我们就希望你真实地看到这个世界。

我们尽可能与你待在外面，接受阳光和重庆雨雾蒙蒙的天气。满了2岁，我们开始攀爬对面的小山，让你学会自己长距离行走。再然后，我们计划还会去爬更高的山，还要学会游泳，四处游历。如果有可能，也会去学搏击。

当然，我们不是“狼爸狼妈”，不敢强力拔升一个幼儿的生命，所有的人为的骄傲手段（无论是温室型，还是强力型），我们都不赞成。这个独立的生存过程，这一切的成就基本上完全由你自己的意识和本能主导。作为父母的我们，最多也不过是辅助者罢了。

在你刚生下来的几天，洗澡时已经会抓住外婆的衣服防止自己滑落。你很早就会自己躲避危险，执着地学会慢慢站起，扶着栏杆走来走去。当你遇到火或热汤，只要碰过或见过一次其带来的危险，以后就会避开。从1岁多开始，但凡你面对的问题，出于职业习惯，我经常会下意识地问一句：“那怎么办呢?”你想出的办法总让我惊奇不已。

我总想，那些幼儿身体里、心灵里充满的成长力量是多么强大啊，这真是不可思议的事。在我幼时，没有人相信儿童自有的力量，相信它本身无限的潜力。但在你身上，可以证明那是真实存在的。我怎能骄傲地认为，扭曲你的意志来催熟你的生命是更好的呢?

·

随着你的成长，我越来越相信幼儿的创造力只要不被成人抑制，他的思考方式和创造性解决问题的习惯，在未来一定会开花结果，也将帮助他独立面对未知的一切。这一切也让我坚定了以往的想法：作为父母，我们只是陪伴守护，最终应放你高飞。

我们拥有的终究是不同的世界。总有一天，你会寻找到属于自己的天空，拥有自己的思考。那时候，我们所思所想的一切，未必再是你所经时代所能接受的了。就像我说人长大了，不会再与有权威面貌的父母玩耍，这也是一个很正常的历程。谁又能避免的了呢？

我只希望你能明白，从你诞生的第一天，你就在学习独立面对这个世界。生命在成长的过程中所迸发出来的力量足够承担一切苦难和挫折。这是造物主的神奇，它每一天都在为你预备一个独立的个体王国，等你去穿越。

给你自由

在你 4 岁多的时候，你的问题开始层出不穷。有一次你问："什么是爱呢？"这让我难以回答。我只好说，爱就是爱啊，就像爸爸妈妈爱你一样。

我知道这只是同义反复，但此时我无法解释太多。我虽然非常想用《圣经》上的话来回答你，但知道你一定理解不了。上面所含的词语更多，如果一个个解释起来，到最后你仍不会明白。

这是一片庞大的领域。如果回答得简单一点，从作为父母的我们来说，爱就是给你最大的自由。

我们不会要求你追求"成功"。我知道，在这个时代，由于"成功学"横行，很多父母都有成为"人上人"的梦想，为了补偿自己生命中没有得到的东西，也会不断地推动自己的孩子不择手段地去竞争。

从上学的第一天起，这种残酷的比较就开始了。为了追求更高的分数，每天逼迫孩子们早起晚睡，不给他们假期，不让他们玩耍，这样又苦又累的生活，如同监狱一般。对我们来说，这些都违背了一个人要拥有美好生命的初衷，依靠消耗美好换来的所谓“成功”一点也不重要。

而且，这种逼迫是扭曲的，父母们从来就没有这样的权利。很多人说，我们比子女成熟，见过更多的世面，难道不应该多替他们考虑，这不是为他们好吗？我承认这一点看起来有它的道理，如果作为建议，子女当然可以参考，但是如果作为不讲理的干涉和逼迫，那完全是专制的蛮横。就算见过再多的世面，读过再多的书，所做的判断和决定就一定好过子女吗？

没有人可以掌控未来，每一个人的生命都是他自己的。每个人都有自己不同的使命，如何打理自己的生命，度过怎样的一生，完全是个体的选择和自由。作为父母，我们对你的成功与失败都无所要求。

我们也不会索要回报。从婴儿生下的第一天，很多父母都会把它当成自己的私产。甚至在孩子尚未出世之前，就已经打算好养儿防老，为自己的晚年做准备。从某种程度上，他们视生育儿女如同一种投资，但我们完全没有这样的想法。

现在，我们的社保制度已日渐完善，经过努力，如果没有特别意外的情况，我们完全有能力打理好自己的晚年生活。即便世事变化远超所想，也希望我们一家人能够共度维艰。但除此之外，在任何时候，你只需要为自己的未来去打拼。

在你的生命中，我想我们决不应是捆绑者。因为没有人是他人的私产，父母给予子女的抚养也不是商业契约。它是把你带来这个世界之后，父母应付的无法逃避的责任。养育你长大，其源点正是在于对真正的爱的理解——爱里没有条件。

我们也不会给你家庭的羁绊。对你未来组建家庭，我们不会干涉。这个时代发展变化太过迅速，人的家庭关系变得越来越复杂。而中国婚姻大多的不幸，都源自原生家庭的涉入。

一位作家说，“两个人的结合不是组成一个家庭，而是两个家族的组合”。往往子女结婚，双方的父母及家族也会参与其中，渗入个体生活的各个角落。而很多家庭的父辈观念都是索取式（无论精神还是金钱）的，并往往因此造成非常大的矛盾，严重的会拆散一桩姻缘。这种荒谬的观念，如今依然大行其道。但我们对你不会这样。

我相信每一个人、每一个家庭都有很多模糊的规则和限定，这些东西完全不需要像法律一样去遵守。我希望无论将来你与谁组成家庭，与我们都能处在一个温和、开放和舒适的环境中，绝不会因我们的存在感到压抑。如果要进入你们的家庭领域，请一定仔细探讨我们沟通的结果。在这一点上，我们也希望，将来你也会给你爱的人以自由。

还有很多很多问题我们都不会强加给你，一封信真是无法言尽啊。但如果说，终有一个羁绊我们永远也不会放弃，那就是爱。

爱你是我们的使命。因爱才会有自由。

爱就是界限

独立、自由是生命成长中最重要的前提之一，但对于爱来说，独立却天生带有方向。有爱，就不能无所不为，亦不能任意妄为。

人性非常复杂，这世上好坏实难分清。我们现在所说的坏人，往往是特指人类用法律和文明做了界定之后，那些超出界限的人。这些界限庞大而复杂，但仍非绝对标准。

实际上，我们没办法预判人之好坏，也没办法保证自己就好。只是我想，这世上一切的判断，其实大都来自行为，就像驾车一样，最重要的就是保持对界限的敬畏。如果界限得当，至少可以保证我们不会恶。

你 3 岁那年，有一天在公园的草地上跑，那里的管理员粗暴地对你吼叫驱逐，你在一边哭泣不止，然后说，那是坏人。

我想此时也许你终于对善恶有了初步的认识和想法了，但我心中明白，这世界远比你想象得要复杂。

这世上，并非干涉你的人就是坏人。那位管理员态度粗暴，尤其是如此对待一位幼童，明显是错的。可他虽然没有文明素质，却未必是坏人。由于职责所在，看护草地是更高的公园管理者给他的任务，为了生计，他不得不如此。反过来说，如果我们害他离职，造成他一家受难，我们又算不算坏人呢？

因此在你很小的时候，我们在何为界限上就不断提醒你，且进行了讨论。只是最后会给你怎样的影响，只能等待未来才见分晓。这其中的道理如果简要表述，则大概如下：

首先，你要懂得爱自己。爱自己的生命，爱自己的身体，不要随意放纵弃绝。爱自己的生活，乃至爱一切挫折和苦难，不要轻易放弃。

最后一句看似很难理解，其实不然。举例来说，西方人讲求生命的喜乐，但中国的知识分子往往忧国忧民，倍感沉重，因此二者很难兼容。有一次，我问一位具有这样双重身份的人，如何处理这其中的复杂心态？他送了一句话给我，我至今铭记在心：你当以此为喜乐。

他的意思是，爱是源起，也是最大的承载和容器。我们遇到的一切不是无缘无故被强加的，因此无论坦途还是逆境，只要闯过，都可以收获更大的爱和勇气。最重要的是，我们要学会如何接纳。

当然，在我看来还应再加一句：倘若接纳不了，也不要硬撑。

这是向内的界限。

其次，不要随意干涉他人。我们每次出去玩，不经允许，我都不会让你随便去动他人的东西，原因就在这里。

每个人都有自己的私域，都有他天生的固有权利，就像你所拥有的一样。在这个领域里，如果他没有开放，则“风能进，雨能进，国王不能进”。

我们当时刻保持对他人隐私的尊重。尤其在公共领域，我们更当维护，如按序排队。不过，如果遇到有人滥施暴力，若无法助其逃走，也要设法去拯救。

这是向外的界限。

再次，要爱人如己。曾经你很爱打小朋友，那时我们经常重复的一句话就是：如果别人打你，会不会也不太好呢？一个真正理解爱的人，必然会有同理心。在任何一个时代，理解他人都是一种非常重要的能力。我曾经想，一个不懂得他人痛苦并能同情的人，他真的会爱自己吗？我觉得这是极度值得怀疑的事。

我们爱自己的心理不是来自理性的私欲，爱的来源都一样，它来自真理以及由此生发的慈悲。只有体会到这一切，才有可能成为一个完整的人。但同样，对于心中没有爱的人，一旦发现其中的危险，就要远离。

这是与另一个生命体之间的界限。

最后，是力所能及地承担责任。责任在很大程度上是契约精神的体现，契约的另一方，可能来自父母亲情，也可能来自国家法理，还可能来自友情或者企业等，一旦你愿意承担这份契约，并愿意实现它，而不觉得是违背公律良知，你就应当去尽力做好。但一旦契约尽毁，则你亦无义务承担。

这是与团体的界限。

这些观点基本都来自我个人。在其他的地方、其他的国家或者其他的家庭，对此也可能会有不同的体现。比如在美国一些州，学校的品格教育就有六大支柱：尊重、责任、公平、信赖、关怀、公德。每一条都有具体的做法和要求，但在原则上与我们所讲相差不大，意义大体相近。

另外，我的这些话不是真理，只是可借鉴的观点罢了。你完全不必强迫自己去遵守。我们做这些只是想告诉你：我们每个人，都应该成就自我。每个人都要拥有自己的王国。发挥你最大的潜力，去追求自己的幸福和自由，去做你自己王国的王，那就够了。

你的爸爸

》在这个周末，想起你将独自前往的那个未来

李斌：蒲公英教育智库总裁，《新校长》《星教师》杂志出品人，资深媒体人，学校战略规划专业人士。

女儿：

如果有可能，我愿陪你去到我们今天讨论的那个未来；但更大的可能是，你将独自前往。那么，我愿你在未来的某一天，重新想起这些话，并感受到此刻的我，是多么的爱你！

亲爱的宝贝，你将活在怎样的未来，以及我希望你怎样活在未来呢？

今天的午餐时间，你一边慢条斯理地品味妈妈的手艺，一边回应爸爸谈起的这个话题。你说："听说人工智能很强大，未来，厨房里应该没有女生的位置了吧？我们可以不用学习开车了吧？学生不用背那么多的公式和课文了吧？还有，听说我们的容貌可以自由变化？"

说这些话时，你的眼睛比平常都亮，有一种摆脱"想象囚笼"的兴奋。奔向未来，原本就是你这个年龄最大的生命原动力。

好吧，爸爸首先来陪你想象一下：在你必将奔赴的那个未来，哪些事情将发生怎样的变化？

你说得没错，当你长大成人的时候，也许我们的科技已经走到了这一步：因为人工智能，你简单的一句话就能让房间变得干干净净，饭菜将自动加工并变得更加可口；你只需提前预约，就有无人机停靠在窗台

边接你上班；动动指头搜索，就会有系统的专业知识、合理的逻辑推演呈现在眼前；或许，你甚至可能不必亲自生孩子，一切都由更高的科技手段来完成；你的容貌可以很轻易地变成你想要的样子，服装搭配也会有更加智能化的建议……

在未来，我们的大多数的日常愿望都更容易满足，且变得更加舒适和安全；无数个性化的需求，只要能想到，就可能被实现……亲爱的宝贝，我们看到时间真的有一种魔力：今天我们痛苦纠结很难逾越的大多数难关，放在未来十年、二十年后，就成了可以轻松解决的问题，不是吗?

读到这里，也许你长舒了一口气：是不是我的未来只需要熟练掌握人工智能、网络工具、社会配套，就能够幸福地生活呢?亲爱的，这正是我要跟你讨论的重点。爸爸的观察是：掌握一个时代的工具，只能保证你不被时代所弃，可以勉强在社会上生存；然而要想获得你所期待的幸福生活，仅有工具是不够的。

事实是，未来对你而言，并不会变得更加简单，而是将变得更加复杂。

比如幸福的生活需要一份职业，但在你长大后的世界，多数的工作在今天都没有出现。那么你该如何学习成长，才能适应一个几乎完全陌生的未来职场?这意味着此时此刻对你来说，那些固有的书本知识和今天的考试成绩，价值在降低，也许它们最大的价值，就是成为你继续学习、思考的起点；而那些能够帮助你展开深入思考、想象、创作、整合、判断的学习，即那些可以在任何地方用得到、可迁移的能力和思维训练，将变得越来越重要。

比如幸福的生活需要有品位、有审美，这是一种在“自动化世界”更加耀眼的能力，因为人的生活永远不能背叛自己的审美观。是的，人工智能也许可以帮你完成营养均衡的烹饪，但它无法帮助你的是，该怎么搭配菜品、佐料以及掌握火候，才是你和家人心中的美味?未来可以让每个人的容貌自由变化，服装更加个性，但什么容貌与着装是属于自己的那份品位，才是更加高难度的取舍；未来你可能轻易操控机器人，把房间整理干净，但是干干净净的房间在布局、功能、美观、惬意等方面完全个性化、高价值的需求，却需要你在自己的大脑中勾画出来并成功输入。

比如幸福的生活需要有爱的家庭、相濡以沫的朋友。这些是人工智能完全搞不定的领域，你需要今天就在生活中去习得：妈妈怎样包容与呵护你，你就怎样去包容与呵护；爸爸怎样担当与引导你，你就怎样去担当与引导；朋友怎样帮助与陪伴你，你就怎样去帮助与陪伴……爱与友谊，是一种能够被传递、被叠加、被放大的特殊能量，却也是最容易被丢失、被熄灭、被压抑的心灵火种。亲爱的，你该如何在心灵中始终保有它们的空间？

当然，幸福的生活需要足够的健康——这点爱游泳、跑步的宝贝比较容易理解，在未来社会，这也是绝大多数人都能够做到的事情。爸爸唯一要提醒的是：真正的健康之道，依然来源于一个人永不止步的学习，那些真正让心灵通达的阅读、思考、觉察与超越，既是破除人生疑难杂症的有效方法，也是抵达我们身心健康的最好途径之一。

幸福的生活需要更好地管理时间。悄悄告诉你一个很多人未曾觉察的秘密：人类社会的一切发明创造和每一个人的所有学习、成长，都有一个根本目的，就是在有限的时间内，完成更多的事情。你今天的任务只是学习，明天的任务是学习与适应工作，后天的任务将变成快速学习、领导团队、抚养孩子、奉养父母……亲爱的宝贝，有一个规律是不会变的，即科技越发达，或者人越长大，时间就会成为更加稀缺的资源，越需要一个人对它有综合运用的能力。

亲爱的，一生很长，未来的幸福一定包含你追求精彩人生、迎接更大挑战、超越已有局限的努力。我们人类，和你所爱的小猫、小狗、小鸟不同，我们总是在面对更大的挑战、在发现自身新的可能性中感到幸福。当然，精彩的人生需要你更加复合的知识结构，爸爸的建议是“T型”或“鼎型”的自我成长——如果有可能，建议你至少做一个“T型人才”，有知识的宽度，也有在某一个领域扎根的深度；如果还能游刃有余，建议你做一个“鼎型人才”，有混搭的容量，也有在多个支点上支撑的稳固。

还有好多想要说的啊，但似乎再说下去，你会觉得爸爸终于开始唠叨了吧。最后，必须要再加一点的是，你要寻找人生的意义。

无论什么时代，我们的人性浸泡在文明中，都一刻不停地要追问：我活着是为了什么？你要建立为之感到有意义的那些心灵维度，并让自己的生命更多地投注在让世界更加美好的事物上。比如在这个文化更加多元、挑战更具毁灭性的时代，理解他人、与人为善、学会联合以面对挑战的能力将弥足珍贵——对此你需要的是更多跨文化、跨领域、无边界的学习。比如要学会辨别并远离那些让世界更加糟糕的事物，那是什么呢？一个伟大的印度政治家曾经这样总结过：“没有规则的政治，没有良知的快乐，没有劳动的财富，没有个性的知识，没有道德的生意，没有人性的科学，没有牺牲的信仰……”当然，这些辨别的智慧，这些近善远恶的能力，有些需要习得，有些本来就在你的生命里，你只需小心翼翼地保护它们，不要轻易丢弃就好。

亲爱的女儿，你要知道，无论我们能够想象出多少种可能，未来依然是无常的。所以，生命在各种可能性中保持足够的弹性，才是最重要的能力。你还要知道，未来依然是可变的，你是怎样的人，常常就可以创造怎样的未来。你更要知道，不停地超越已知的、已有的、已经游刃有余的一切，虽然不能保证你一定将去到哪里，却一定能保证你去到的地方足够精彩。

爸爸

世界，你好

——给儿子的一封信

穆培华：比较教育研究与实践者，主要做中国古代教育、现行公办教育、华德福、蒙特梭利等教育体系的比较研究，带着儿子和女儿在黄河岸边创办沐心苔森林学园，教授六年级历史和语文课程。

儿子：

今天，爸爸和一群热爱教育的好朋友来到了瑞典的一个人智学社区考察。下午到的时候，天一直下雨，风也很大，雨点打在脸上有点痛，凉凉的，像冰雹一样。我们在一个小岛的餐厅里吃的晚饭，海风呼呼地吹，连海鸥想停在水面都很困难。晚餐结束时，天还没有完全黑下来。我们上车返回宿舍的路上，我看到乌云遮住了头顶很大的一片天空。在遥远的地平线那里，露着一道缝，就在那一刻，我想起了我们一起在云南的时候，坐车正好从雨晴分隔线处经过，天上挂着一道彩虹，于是我随口对旁边的好朋友说了一句："在那里很容易见到彩虹。"

接下来的事就很神奇了。我们回到宾馆，可能是因为阴天有雨的缘故，天几乎全黑了下来，加上时差的原因，我和同室的好友准备洗洗睡觉了。可当我进入卫生间洗手的时候，透过卫生间小小的窗户，忽然看到外边的天空上铺满了彩霞，而且那种蓝与红交融的颜色我从来没有见过，仅仅从窗户向外一瞥就已经美得惊心动魄。我一个箭步从卫生间冲出来，一边向室友喊了一句（激动得忘了喊的是什么了），一边迅速地穿自己的衣服，穿鞋的时候来不及穿袜子，穿冲锋衣的时候来不及穿秋衣，然后一边拉拉锁，一边向外冲。下到一层楼梯之后，我直接冲向了田野，雨还很急，风也很大，但我顾不上这些，迎着风雨一直往前奔。远方有一大块油菜花田，更远处是美丽的田园社区，身后是漂亮的人智学建筑，我跑到合适的位置，举起手机，从不同的角度开始抓拍，那真是一场精美的演出。开始的时候，天边只是一片火红；然后，可以清晰地看到太阳的轮廓；随后，夕阳开始下沉，天上的颜色像湿水彩一样不断地被晕染。我甚至忘记了呼吸，忘记了自己的存在，我的心仿佛也飞了出来，在天空中与晚霞共舞。

那时的我是慌乱的，那时的我是混沌的，那时的我是与天地一体的。不经意地一转身，忽然，我看到一道彩虹，一道美丽的彩虹，就在我住的宿舍上空。人的眼睛比照相机的镜头要精细千万倍，而人的心，比眼睛还要精准千万倍。我随手拍了照片，然后，我静下来，用心地看着那道彩虹，许多往事浮现在彩色的天空上。还记得吗？那次在坝上，辽阔的草原上，我们和爷爷、奶奶、妈妈他们一起，看到了双彩虹，彩虹下，有安静的马儿，有奔跑的你，有我们一家人的幸福。同时想到的，还有云南的那道彩虹，还有梅里雪山的日照金顶，一道道绮丽的风景成为我们一家人最美好的记忆。我们真的应该感恩这个世界，带着崇敬之心说一声：“世界，你好。”

亲爱的儿子，你今年已经 11 岁了，从一个天真可爱的儿童变成了一个翩翩少年。这个世界越来越清晰地展现在你面前，有风雨，也有彩虹。我想说的是，我们所有的人，都是世界的一部分，是大自然这个大生命的一环，正像一首非常经典的诗歌里说的一样，我们每个人都不可能是一座孤岛，这个世界好，我们每个人才会好。如果真的有造物主，我想，他创造人类，肯定是为了让这个世界更美好，事实上，许多人也正是这样做的。但也有不少人违背了造物主的美意，他们在破坏这个世界，比如说砍伐树木，喷洒农药，污染环境，也包括制造战争和恐怖事件。那么，为了让这个世界更美好，我们应该做点什么呢？

这得从我和其他几位家长创办的沐心苔学园说起。当时，经过你的同意，我和妈妈让你离开了传统的学校，进入了一个非常特殊的小学园，最初只有 4 个孩子，到现在，也只有 20 个孩子。你知道我和妈妈为什么做出这样的选择吗？我想，你一定有自己的理解，也许清晰，也许不清晰，至少你会觉得我们做了一件非常了不起的事吧。

儿子，从妈妈刚怀孕，也就是你还在妈妈肚子里的时候，爸爸就开始学习教育，参加过心理咨询师的培训，参加过家庭教育指导师的培训，订阅了很多教育类的报纸杂志，购买阅读了很多教育类的书籍，直到现在，爸爸都在很努力地学习教育，这些你平时肯定都注意到了。那么，学习了这么多，爸爸对教育是怎样理解的呢？我想你也一定感兴趣。简单地说，爸爸认为，教育其实就是在帮助儿童与这个世界建立一种关系，教育要帮助儿童对这个世界产生兴趣，热爱这个世界，愿意去探索这个世界，用自己的智慧和行动去改变这个世界，并最终和这个世界很好地融为一体。在这个过程中，我们可以像欣赏彩虹一样对这个世界发出惊叹，像热爱爸爸妈妈一样尊敬和爱戴养育我们的这个世界。我们的各种学习就是为了发现这个世界的神奇，发现这个世界蕴藏的科学、艺术和美。当然，最有价值也是最让我们有成就感的是，我们还可以为这个世界做点事情，通过我们的劳动、工作、创造，让这个世界更加美好。这些，才是教育应该做的事情。

其实，上面说的这些，在沐心苔就已经发生了。虽然我们刚刚搬进这片森林不到半年时间，我们却做了很多事情。我们种下的月季已经开花了，我们采摘的玉兰花已经做成了精油，我们挖的沙坑、搭建的树屋和秋千为我们带来了许多美好的时光。我们唱歌，我们做木工，我们冶炼，我们骑行，我们读《论语》，我们学《史记》，我们衡量世界，我们和外教老师学习另一种语言，我们每天早上迎着晨光散步，我们做垃圾分类，我们堆肥，我们扑灭差一点就毁灭森林的大火，我们守护着大自然，我们接受大自然的馈赠，我们发现大自然的神奇，我们学习和大自然和谐相处的本领……下一步，沐心苔将要建成一个生物动力农场，目前正在修路。我们还会学习园艺，学习农耕，我们可以做很多让这个世界变得美好的事情。这样的教育，就是爸爸心目中最理想的教育。这所学校，就是爸爸送给你最好的礼物，希望你珍惜它，爱护它，在这里度过你最美好的童年时光。

儿子，再有一周，爸爸就回去了。这次在北欧，我们考察了森林教育，考察了华德福学校，考察了生物动力农业，考察了人智学社区，这些都和沐心苔有关系，也都和你的成长有关系。我把每天考察的情况都做了记录，收藏在我的 QQ 空间里了，空闲的时间，你可以看一看。等你长大了，我希望你也能像爸爸一样好好地看看这个世界，到每一个地方，希望你能读出爸爸这封信的名字——世界，你好！

爸爸

陪你走过千山万水

李一慢：毕业于南京师范大学，做过教师和童书主编，担任过新阅读研究所执行所长、悠贝亲子图书馆首席知识官。分别在7个城市工作生活过1年，在北京开过8年咖啡馆。育有一儿一女，奉行“慢看玩”教育理念，著有育儿实践与思考专著5本。喜欢为孩子讲故事，人称“慢师傅”，出版童话4集、图画书9册，翻译童书150册。推广儿童阅读，创爱阅团、中国童书榜、领读者培训，为北京市首届金牌阅读推广人。连续10年执教小学阅读课，辑为《绘本阅读慢课堂》6册。

葫芦：

在这封信里，我要跟你聊聊我们最喜欢的六件事之一：游学。

我10岁的时候，就坐在列车的行李车里，在东陇海线连云港至徐州的220多千米的路线上跑过那么几次。跟你一样，我坐火车的时候，也总喜欢扒在车窗上看着窗外的一切，飘过来又溜到身后。在徐州，在苏轼待过的云龙山，我曾经央求你的大姑父，也就是我的大姐夫爬到古建筑上把那些好看的脊兽撬一个给我，否则我就反对最疼我的大姐跟他结婚。20岁生日的时候，我在南京上学，徒步66千米去马鞍山的采石矶拜谒我最爱的李白的衣冠冢。

而10岁的你，已经与我们一道自驾走了10万千米路，攀登了八座名山，穿越了八大古都，追随着李白和苏轼的足迹！更让我们高兴的是，你还知道今后的日子里，我们还要去哪里游学——有着这样的期待，是不是很美好？

我单身的时候就很喜欢旅行，甚至计划在喜欢的几个城市居住一年以上——后来也这么做了，直到在北京遇到你的妈妈。我们结了婚，有了你，还有了妹妹。一个人的旅行像是灵魂的流浪，和爱的人旅行是爱的印迹。现在，我们还经常一家四口到处溜达，这是生活。

你的周岁生日是在青岛过的，连抓周也都是在饭店房间里进行的。第二天，我们跑到海边瞎晃荡，海风很大，带着海鲜的味道。沙滩很软，你步履蹒跚，脸上是灿烂的笑，如花般绽放。然后你一个前扑，直挺挺地砸下去，啃了一嘴的沙子……这情景牢牢地印刻在我的脑海，成为我亲爱的葫芦成长图画书中欢乐四溢的一页。

和多数家庭一样，我们不是有钱人。我们的工作日时间好像总是不够用，周末我还总是有公益活动要策划、组织、实施。我们能自由安排的时间实在有限，但是我们却可以有时间拖家带口去游学，这是为什么呢？

原来我们有着同样的愿望！在你大班到小学三年级的那段时间里，你的愿望就是将来当个旅行家。后来，你的愿望变成当天文学家了，因为你对“上知天文，下知地理”很是向往，更想到外星球去旅行！

我知道喜欢游学的家庭还有许多，就像我们一样，可他们把很多时间用来追求他们认为的比生活更重要的地位名气、金钱物质。我希望你能记住，读书和旅行恰好包含在一句众所周知的古训“行万里路，读万卷书”中，我更希望你能知道：一家人的旅行是生活，也是成长的滋养。一家人的旅行是成长，更是幸福。

我们经常聊字的本源，我觉得“滋”这个字特别好，“滋”有滋长，增多、增加的意思，进而有了滋润的含义。所谓滋养，就是要让我们沉浸其中，自然增益。从另外一个角度来说，滋养更重要的是精神的滋润。要爸爸说啊，滋还有慢的含义——你是不是不赞成我的这个说法，“可别啥都跟慢挂钩啊!”这是爸爸的思考，而且我认为这一点对于父母来说更为重要，内心滋润、行为滋润的父母，才能养出内心滋润、行为滋润的孩子。在游学的过程中获得成长的并不仅仅是你和妹妹，我和你们的妈妈也通过你们的眼睛、脚步和思考，得以重拾童心，重得慧眼，重新体验世界，获得自身的有滋有味的“二次成长”。

是的，游学绝不仅仅是“行万里路，读万卷书”，它更是一种合适的滋养方式。神奇的自然、丰富的人文、有趣的体验、好奇心的满足，让我们一家人享受着旅行过程的愉悦。

2016 年的春节，在从“三国游”回北京的路上，我们专门在石家庄停留，然后一家人一大早就去河北博物院，在里面待了足足一天。我看着你和妹妹一人一个解说器，仔细地观察、认真地听……我坐在角落里，微笑地看着你们的背影，眼角有幸福的泪花。可能有些人看来，这算不上啥，而我却从中看到了你们内心已经滋养了爱和美，我甚至可以看到我的孙儿们也在博物馆里——他愿意听哪个就听哪个，愿意哪个地方待得时间长点就耗在哪里。

谢谢你啊，儿子，因为有了你，我才有了“慢看玩老爸”的机会!很巧的是，我们都乐在其中的亲子共读、亲子观影和旅行游学，正是我和你妈妈的共同兴趣，我们各自还是单身的时候，就常常以这样的方式进行自我滋养。书本和电影可以在家里和影院里随时阅读、欣赏，而旅行却是推开家门走向世界、走向自然的重要一步，能够让生活多样化，能够让家变得丰富多彩。

上次你说，将来你也会带着你的孩子到处游学。太好了，我给将来的你一个建议：每一次游学都是各个自我的完美呈现，也是一件私人化的事情——即便是同一个城市，同一个景物，也会因为家庭的不同而不同，会因为爸爸妈妈所能传递的不同的心态、能量、知识和趣味格调而各具特点。不要担心自己的游学会不好玩，也不必重走我们的路线，游学没有一个统一的标准，只要我们游了，就自然学了。

但你显然已经是我进行游学设计时的最佳伙伴，我觉得你肯定会有自己对游学的理解、对过程的设计心得，游学的过程早已成了一个滋养的过程，让你和我都受益无穷。

我向来认为阅读是伴随孩子终生的生活习惯，但是在早期，亲子共读是家庭学习的重要手段，也是建立家庭学习共同体的重要步骤。我们一家正是从亲子共读开始，逐步引入亲子共玩、亲子游学，并建立了适合我们这个家庭的教育环境的。除了“行万里路，读万卷书”外，古人还说过“读万卷书不如行万里路”。看来，游学是古来有之、历史悠久的教育形式，就像我们都喜爱的李白和苏轼，他们在游历中丰富着自己的人生和思想。如果你愿意听我给游学下一个定义的话，我觉得，在读书之余，遍游各地，亲见亲历，或者带着问题上路，体验和思考找寻答案的学习方式，可称之为“游学”。

还记得你和妹妹手绘的“读行侠”标志吗？你也发现了，爸爸总是会给家里好玩的事儿取一个名字。到处游学的我们一家四口，自称为“读行侠”，“游中学，学中游”的阅读、博览和游历、体验，让我们有一种崭新的亲子之间的交互、提升的成长过程。

别的爸爸问过我怎样设计游学的主题。其实，后来我总结的感受自然、审美培养、情商熏陶、动手实操和学科体验等五大主题中的“感受自然”，正是来自你的表述，而这 5 个主题也成了“读行侠”的 5 个标签。

至于游学目的地，都是我们俩，当然还有妈妈一起开会讨论的结果，呵呵，妹妹可没怎么参加，因为她还小。按照距离的远近，我们设计了

36 条游学线路呢！我愿意在这封信里整理整理，以防记录这些内容的那个小本找不到了。

你说一定要把北京走遍，我非常赞同。我们所在的城市就是我们的家乡，甭管祖籍和出生地在哪里，我们有义务深入地了解自己的家乡，这样才会有具体而微的思乡之情。

然后，再从家乡出发，一步一步走向远方。这就好像我们一起画了个大三环，第一环包括北京及周边（天津、河北、辽宁、山西、山东等），周末的时候我们会去这些地方；第二环是国内其他省份，每个季度都有的 3 天小长假，可以自驾前往；第三环为境外。为此，我们要好好地规划寒暑假和春节、国庆这两个假期。

你曾经问过我，为何要到自己喜欢的 6 个城市工作和生活。我当时的回答很简单：只有居住的时间长了，才可以了解当地的文化。当时还是一年级小豆包的你并不了解文化这个大概念，可经过我们的“吴文化”和“楚文化”的游学后，你是不是多了一些认知呢？在家中书架上地理专柜最上层的里层，我曾经摆过一套辽宁教育出版社出版的 24 册“地域文化丛书”，包括八桂、八闽、巴蜀、草原、陈楚、滇云、关东、徽州、江西、荆楚、两淮、岭南、陇右、齐鲁、黔贵、青藏、琼州、三晋、三秦、台湾、吴越、西域、燕赵、中州文化，算是大致梳理了各地域文化之精要。以后，我们可以梳理一下我们曾经去过的、相对集中的文化区域，看看有没有一些好玩的事情。

在这封信里，我写了一些所谓的概念和意义，因为你 10 岁了，可以独立思考了，也应该平等地和家长讨论问题了。之前，我们的“读行侠”中其实有潜在的课题安排，但是没有让你知道，比如八大古都、三山五岳、世界文化遗产、历史文化名城、黄河万里行等。像黄河万里行就被分散在多次游学之中：第一站是你 5 岁的时候我们一起去黄河入海口。我们到了黄河入海口的湿地，还观看了胜利油田被称为“磕头机”

的采油机。第二次去的时候，我们还深入油田，考察了从原油到成品油的整个过程。我记得你看每一个环节时眼睛里都闪着亮光！还有，在济南，在开封，我们也感受了黄河大桥的壮丽，对黄河水的黄、黄河水道的新与旧有了真切的感受。

我一直认为，在国际化的大趋势下，20 年后你会生活在更为全球化的环境中，那么，对于中国的深入了解应该是你成长中重要的一环，也是作为国际人的坚实基础。所以，在你的提议下，我设计了两大系列、八个主题的“中国边疆行”。两大系列指的是海岸和边境，我们会利用你小学阶段的暑假时间展开海岸游，目前已经完成了辽东半岛的“和平之旅”、山东半岛的“灯塔行”和连云港—厦门的“民居行”，其余的路段（包括南部沿海和海南岛、台湾岛）会在你小学的剩余阶段完成；而在你的中学阶段，我们将“走”完其余的陆地边境。

记得我们说完这些线路时，你久久地站在家里那幅大大的中国地图面前，眼睛里依旧闪着亮光。

“千山万水”的游学目标中，有爸爸喜欢的，有妈妈喜爱的，有你狂热的，也有妹妹懵懵懂懂迷恋的。旅行不仅仅是享受，也是一种感受。旅行既是阅读的考验，更是人生的体验。有时候，旅行是对我们的一种磨炼，可以锻炼我们的独立自主能力。更难得的是，通过游学，我们可以充分感受人与自然和谐共处的无尽乐趣，并成为我们全家一段难忘的共同记忆。

游学也是我们给你的一份成长印记。你那张大大的中国地图——它实在是太大了，只好挂在厨房的墙壁上——上面有越来越多的彩色的即时贴，那是你和妹妹去过的地方，每个地方都是满满的回忆，都有你自己的故事。我相信，这些故事会在今后与你重逢，也会成为你今后生活的底色。现在你已经去过 50 个中国历史文化名城，妹妹也去过了其中的 36 个城市。你好几次问我：“我们什么时候去国外的城市啊?”我想，等我们一家在国内的游学中积累了更多的经验，有了一些独自远行的经验后，就可以放心地开始环球游历了，而这不正是你的愿望之一吗？我喜欢这个愿望。而我的建议，你也是认同的：所谓中华文明、华夏子孙，是我们在深刻感知中国文化后的自我体认。所以，童年时我们应该走进中国的历史，走进中国文明。

然后，世界便必定在你的脚下了！

你的爸爸

旅行，以成长为更好的人

——写给孩子未来的一封公开信

徐海娜：《在香港求爱的77个理由》（曾在香港艺术中心演出）的编剧之一，担任过香港《大公报》专栏作者，香港《今日中国》杂志特约记者。此外也为微信自媒体“白卷”和“另一片星空”撰稿，电子书《我爱红楼》在京东网有售。多年来，一直在努力寻找将孩子们引向文学秘境的金桥，为此设计了一套儿童文学启蒙课程，独创图文笔记法以帮助年幼的孩子理解文学作品，与香港越己堂教育与心理中心合作，为一些学校提供增益课程。

豆豆：

你好！

其实，一上小学你就不习惯我叫你的小名了，这里用你的小名是因为我想说一说你那远去的童年。每个人对自己的童年生活都会有或多或少的记忆，但随着成长，大量的生活细节会被淡忘。但是那些被遗忘的细节是否没有意义呢？全然不是！每个人都是由过去组成的，当我们长大成人以后再回头看，哪怕许许多多的细节早已被埋在了记忆的深处，它们仍然对我们的生命产生过影响。回望过去我们可以看到，自己的价值观经历过一个怎样不断崩塌和被构建的过程。我不知道你是怎样看待自己的童年的，但这封信，至少可以保存一些你也许已经淡忘的事情，让你知道，在母亲的眼里，你的童年生活拥有怎样的意义。同时，这也是一封公开信，希望看到这封信的小朋友和父母们通过我们的个人体验，去回味、感受以及思考彼此相伴带来的一切。

这一封信里，我主要想和你以及其他的小学生朋友们集中地谈一谈我对你年幼时候的那些旅行的看法。陪伴你成长的日子仿佛每日都在忙碌，但是，你也许不知道，养育你的这些年我有苦痛、有挣扎，但更多的是享受，你令我的人生无比丰富、美好，你是老天送给我的最好的礼物。若干年之后，当你看到这封信的时候，不知你是否能够想起小时候的感觉，我也不知道你是否会记得妈妈带你去过的那些地方。但我可以确定无疑的是，我和你所经历过的一切都是珍贵的，至少对于我来说有着非凡的意义。

通往更好的世界之路——“思考”

最早的旅行开始于你十个月的时候，我和你的外公外婆带着你回老家。无论在火车上还是在飞机上，你透着灵光的眼睛里充满了对这个世界的好奇。当外公抱着你在火车上的走廊里溜达的时候，你不断发出“啊啊”声，并用小手指示前行的方向。这一情景如今仍清晰地留在我的脑海里。当外婆抱着你，你听着外婆用方言和别人聊天的时候，我知道这次旅行是值得的，尽管你还只是一个婴儿。你见了许许多多的亲戚，听到了各式各样的话语，得到了各种各样的拥抱，我相信这次从南到北近 2000 千米的迁徙，是你最早的多元文化的启蒙。有的人认为婴儿期的旅行不会有任何记忆，但事实不是这样。因为孩子长大后就不记得年幼时期的事情，做父母的就什么也不必做了吗？如果给 2 岁以前的孩子读书有意义的话，旅行也一样。一个婴儿似乎什么也做不了，似乎也不会思考，但所有外部的刺激都构成了他将来学习和思考的基础。故乡是一个人的出发地，尽管随着现代化的发展，人们对记忆中旧时风物的眷恋，在这个坚硬的时代里已经无处穿插，但是我们仍然提倡小朋友们经常到自己父母的故乡去看一看。也许你的那一瞥，可以令一亩荒原光辉起来，可以令一湖死水潋滟起来。

许多成人旅行本质上是在寻求新的刺激，其实对于孩子来说也是这样。这些新鲜的风景和事物的刺激，令孩子们的神经突触发展得更快，令他们的大脑能为未来的发展做好准备。相信每一个曾经带孩子旅行的父母都经历过被孩子“问”的情景，“问”代表他们在思考，大脑在运转，而“问问题”是比“寻求答案”更加重要的事，因为文化发端于好奇心。记得你刚满 6 岁的时候，我带你去了一次北京。你对北京印象深刻，故宫和长城的雄伟壮阔令你感到深深的震撼，许许多多的疑问也从你的小脑瓜里冒了出来。你看到故宫坑坑洼洼的地砖的时候，你问了在故宫的第一个“为什么”。看到紧闭的三大殿的时候，你问了第二个“为什么”。你问，“这地砖为什么这么不平？”“三大殿为什么不能进去看？”你的这两个“为什么”，使我第一次深刻意识到古建筑的保护是一个伦理问题。每一栋古建筑都是可触摸的历史，然而我们留给后人的是什么呢？你听到旁边有游客说，以前三大殿是开放的，是可以进去看的，就继续缠着我问。我说，也许是过去看的人太多了，来故宫参观的人也太多了，为了更好地保护古迹才封起来的吧。谁知你却不依不饶，用不满的语气说：“那为什么不早点开始保护？”你还提出很多假想，大意是说，如果过去每天都限制进去的人数的话，那么后来的人也就可以看到了，我们就不会像今天这样吃闭门羹了。你还想出了很多天马行空的方法，你说可以让游人不用靠得太近，不仅能避免带来破坏，还能欣赏到宫殿的原貌。后来到了长城，你也提出了许多类似的问题，你问：“那些人为什么要在长城上刻字？”你还找到了很多韩文，你问：“那些韩国人为什么要在长城上刻字？”年仅 6 岁的你的拷问，使我模糊的环境意识愈来愈清晰，保护人类的文明历史和保护大自然的历史一样，是一个非常重要的伦理问题。总有一天，我们的后代会质问：这就是你们留给我们的世界吗？

后来，我们每到一个城市，都会去寻觅那些古老建筑。我发现你的眼睛总是特别亮，会在旅行中看到我所看不到或者我视而不见的东西。我相信人生来就拥有光明的基因，然而在成长的过程中，往往容易被各种世相迷惑，所以很多人就眼睛昏花了。我希望你看到这封信的时候，仍然葆有你光明的基因。每一个小朋友，都有一双比成人更加敏锐的眼睛，当你们看到的时候，就要发声，就要行动。

张爱玲曾这样形容："时代是仓促的，已经在破坏中，还有更大的破坏要来。"她在她一贯华丽又苍凉的笔触中，尽显她头脑里感到的那个时代迷惘的威胁。我也曾经像她那样对这个处处残缺和不完美的世界感到麻木、绝望和厌倦，但是孩子，你再次让我看到希望。其实我相信，每一个孩子都是天使，是来拯救我们这个成人世界的。曾经有一个 9 岁的小女孩踏上 TED（美国一家非营利机构的简称，该机构以 TED 大会著称）讲台，对着台下所有的成人观众说，难道你们想让我们最终也变成像你们一样的成人吗？所以，孩子，你千万不要变成像我一样的人，你的同学们也不要变成像他们的父母那样的人，所有读到这封信的孩子都不要变成和你们父母一样的人。请继续保持你们光明的基因和独特的视角，你们一定可以创造一个更好的世界。

通往更广阔的世界之路——"看见"

你最喜欢的地方是沙滩，每到一处有沙滩的地方，你都很开心。有一次，我们去到一个偏僻的小岛上，那里细腻的白沙泛着迷人的光彩。你在沙滩上挖呀挖，一定要挖出一个深不见底的坑洞来。这个洞真是太深了，和你的胳膊一样长了，你很有成就感，晒着太阳的红扑扑的小脸特别有光彩。在我们离开前，当地的居民说要把坑填平。自己的作品即刻要被摧毁，并不是每个孩子都能轻易接受的。但在这件事中，你学着理解他人的感受和需要。从此以后，到任何地方的沙滩玩过之后，你都会把沙坑填平再走。当大人忘记的时候，你总不忘提醒，在海水冲刷之前，不希望有人踏进沙洞扭伤脚。在这些小事上，成人酷爱遗忘，孩子却能坚持。

你小时候喜欢去台北，不知去了多少次，那里清新静谧，并且总有意外的惊喜。台北人很安静，即使是高峰期的地铁，也不甚嘈杂。你常常提醒我要小声说话——“你这么大声，别人一看就知道你是从香港来的”，听到这话时，我不禁哑然失笑。旅行中有趣事也有严肃的时刻。小小的菁桐小镇车站一处咖啡馆前挂满了许愿竹筒，世界各地的人们用自己的文字书写他们的希望和愿望，你也兴致勃勃地加入了。当你到了十分车站，发现有更多的人把心愿书写在天灯上，然后放飞。这热闹的情景令你也蠢蠢欲动，然而这次你却未能得到我的允许。我非常不忍给你泼冷水，但却不得不拒绝你也要放天灯的要求。天灯又叫孔明灯，人们将祝福放飞，却给周边环境带来灾难，这可不是人类的福气。你问我为什么可以挂愿望竹筒却不能放天灯？我给了你出于环保的理由。我以为你会就此接受我的观点，你却进一步挑战我——“如何不环保?”纠缠着一定要一个详细的解答，我只好当即上网搜索，我们为此还花了很长时间来讨论。还有，我们究竟要怎样才能理解一种和我们不同的文化?假如我们选择了环保者的立场，是否就可以理所当然地谴责那些游客呢?这世界上的许多事情都是有争议的，你可以选择你的立场，可以有自己的意见，可以随着认知的发展不断转换观点，但永远都不必盲从。哪怕你的父母认为是对的事情，你仍有挑战他们的必要。在这个挑战的过程中，你对于人类在思想上的差异会有直接而具体的认识。我也希望其他小朋友永远都不要盲从，推动这个世界前进的力量自古就来自对权威的挑战和对现状的质疑。这样人类的文明才能不断进步。

在中国的许多城市中，市中心意味着繁华，意味着五光十色。但是在美国的一些市中心，更多的却是不安。这份不安也许是我们作为旅行者独有的，却不单纯来自我们自己的想象。我们见到很多流浪者，很多无家可归的人，他们站在街头乞讨，或者倚在墙角做梦，或者高声与人攀谈，并没有妨碍我们什么，但我们仍然为此而不安。也许我们曾经收到过朋友的警告，也许我们受了太多媒体报道的影响，我们在美国街头小心翼翼。然而，那些美国孩子仍然在街头的喷水池旁疯玩，父母们并不显得有丝毫紧张。香港也有露宿者，看到他们的时候，我们为什么不太担心自己的安全？仅仅是因为潜藏着的枪支和暴力吗？还有，我们的不安仅仅是因为不安全吗？你不断地提出问题，我们不断地向这个世界发问，在发达国家和地区为什么也会有流浪者？世界上为什么会有贫穷？愈到周末，市中心就愈加清冷。城市轨道交通虽然照常运行，工作窗口却是关闭的，一个工作人员也找不到，更别提保安人员和安检了，那些美国人是否会害怕？巴黎人遭到恐怖袭击后，丧亲的家庭为什么说他们不恐惧？尝过自由滋味的人们为什么不肯为了安全让渡一部分权利？安全和自由，到底该怎样取舍和平衡？我希望所有的小朋友都不要停止发问，你们终将要通过不断发问的方式完成你们对于社会和人生的学习。

我们可以给旅行加上许许多多光环，但我只和你以及你们谈我认为最重要的一点，就是旅行可以让我们“看见”他人。不久前，我参加了一场电影分享会。那是关于一位极其年轻的导演自己制作的一部仅 30 分钟的影片的分享。他执导的影片刚刚获得香港电影金像奖最佳影片奖。在这场电影座谈会之后，我觉得我希望你将来成为的那种人，大概就是像他那样有自己的独立思考，又能将人文主义情怀实践的人。这么说也许很抽象，你也许会好奇这位年轻的导演说了什么。那天的短片是关于香港的融合教育制度的，叫《寂静无光的地方》，故事主要围绕一位负责特殊教育的老师和一位患有读写障碍的学生展开，涉及师生的困境、弱势学生遭受的欺凌等。他说，你们不要以为我在为某个群体发声，不是这样的，我想表达的是——“我们即使不是某个群体的一员，也一样要关注他人，这涉及一个公民的社会责任。我是为我们今天说‘每个人都应该享有平等机会和平等权利’而发声的。”是的，你是否看到别人的生存状态？你是否应该看不起别人？一个人是否一定要有用？我希望我的孩子你，不要等到长大才能明白这些问题究竟在问什么。他说，他拍电影是希望观众在谢幕后能彼此看见，看见每一个人。我明白他所言的“看见”是指人与人之间对于彼此差异的深刻理解、感同身受、尊重、接纳与爱——而这也正是我要带你去旅行的目的。

旅行可以让我们“看见”他人。这里的“看见”不仅仅是指看到，还有对彼此文化的差异有尽可能深入的认识。既然我们的旅行不是观光，那么就可以从容不迫，慢慢地行走和感受。一个地方，如果喜欢，我们可以一去再去；一个城市，可以这次去这里，下次去那里。无论怎样，我们拒绝匆匆的行程。每次到一个地方，我们明白，比风景更重要的其实是人。我们会与只有一面之缘的旅人结伴而行，也会花大量时间与当地的朋友相聚。既然我们的旅行不是观光，就要多与当地人发生联系。只有在人与人的接触中，才能学会与不同的人相处并真实感受文化多样性的魅力。曾获得奥斯卡金像奖的电影制作人布莱恩·格雷泽和财经记者查尔斯·费希曼曾经合著过一本书 *A Curious Mind: The Secret to a Bigger Life*，书中记录了一场场与电影界之外的人们的“好奇心对话”，希冀人们能够突破自身经验的框架去学习。布莱恩·格雷泽也因为自己对于他人的好奇心而受益匪浅，他制作的影片曾获得 43 次奥斯卡奖提名以及 149 次艾美奖提名。小朋友们，希望你们终身都能保持对这个世界的好奇，以及对不同的人的好奇，从而可以学习“看见”他人。看见他人，也是对自我的突破。如果你没有好奇，没有看见他人的内在冲动，就可能失去探究的能力，那么即使你对现状不满，也没有能力去改变。

我小的时候，并没有条件到别的地方去，我只能通过努力学习，考入一所远离家乡的学校，在那个城市工作，工作一段时间后又决定把自己清零一次，于是再次求学，辗转到不同的地方去生活。而现在，你们离开自己的舒适的家的方式和途径有很多。但是，无论你们有没有机会去别的地方看看，都要保持一颗好奇且开放的心，对于任何学问都既要保持尊重和开放的态度，也要持续提问和质疑，这是未来世界发生改变的希望所在。我们多数人都不是可以一年四季到处旅行的，但无论你们在哪里生活，我都建议你们不要放弃任何一个接触外面世界的机会，哪怕只是从一个院子到另一个院子，从一个村庄到另一个村庄，从一个城市到另一个城市，这样才不会被一些狭隘的文化观念裹挟，人云亦云，最终对和我们有差异的那个世界有感同身受的理解。

通往未来之路是混杂而居的智慧和爱

几乎所有的孩子都喜欢迪士尼，在美国奥兰多的迪士尼园区（比香港迪士尼大百倍）里，你可以看到来自世界各地的人，你与那些不认识的人交谈，无论大人还是孩子，不断地在寻找话题。当我感慨，迪士尼里那些来自中国的杂技表演者，从台风到谢幕方式都已经太过美国化的时候，你却浑然不觉。异国的春天，在欢庆圣派翠克节的街道上，你也比成人更容易投入那绿色的海洋，你还创作了自己的“小妖和金罐”的故事去回应这个根本不属于我们的节日。可见，你们这一代人已经不像我们这一代，有着清楚的民族国家意识和显著的民族文化烙印。记得你更年幼的时候，根本无从分辨哪些人叫作“外国人”。这到底是一件好事，还是坏事呢？有一次，我问你：“刚才和谁玩儿了？”你说：“那些美国人呗。”我又问你：“怎样知道他们是美国人呢？”你稚声稚语地说：“他们都是黑色皮肤。”也难怪，和我们一桌吃饭的白人通常是德国人，生活里遇到的黑人是美国人、法国人，没有一个是非洲来的。你的学校里有位白人教师，却说自己是土生土长的南非人。你有个朋友是荷兰人和泰国人的混血儿。香港还有不少能说纯正粤语的西方人和南亚人。自然地，你几乎无法从皮肤颜色、人种以及语言上来区分本地人和外地人，你自发地选择从文化行为的角度来为人们归类。譬如，你小时候曾说，太阳下喜欢戴帽子和撑伞的是香港人，而美国人是不戴帽子不怕晒的。也许就是我们这一代人才有如何容纳种族混杂和文化逐渐多元的问题，而你们这一代人将面对的一定是不同的问题，文化的多元你们已经习以为常，接下来需要最多的则是混杂共居的智慧和爱。

因为家庭的关系，我总是带着你在各地穿梭，你 1 岁多的时候，你的父亲和我将你带到了香港；你 7 岁的时候，我们又曾旅居美国。在这段时间里，你经历了“我是哪里人”“我该说什么语言”等一系列问题的洗礼。在多元文化混杂共居的时间和空间里，你慢慢地成长为一个有自己独特的文化视角的孩子。我不确定你将来能否成长为像李欧梵教授所说的那种“中国文化培养出来的国际主义者”，但至少你的父母还是坚持了这样的方向的。20 世纪 60 年代，美国社会学家和人类学家尤西姆开始使用“第三文化”这个词去描绘一个小孩，“于一个或多个不属于自己的原有文化中，处于有影响的一段时间，接而将不同文化的特质及思想融入自己原有的文化之中”的人就是“第三文化”者。我也不确定你是否会成为一个“第三文化”者，毕竟你迄今生活最久的地方——香港，与你的父母成长的文化环境有着巨大的差异。我无法确定这究竟是一件好事还是坏事，只能尽我所能，让你自由，让你在尽可能广阔的世界里学习如何去爱。

我身边有不少小朋友写诗，有的充满童真，有的明显地染上了成人社会的恶习。我喜欢读小朋友的诗，也知道多数小朋友不是天才。但是就在一个写不出像样的诗歌的小朋友认真地问了我许多次，怎样可以到西部亲自帮助别的小朋友的时候，我看到那未被现代功利主义污染的诗人一般的心，这比能不能写诗重要一百倍。我希望你们的这种纯真和诚挚的热情能延续到你们成年。你们心底只要永远存留着爱，就是这个社会的希望。

这封信无法尽述我们旅行中的所有感悟，也无法涉及更多的地方和人，但表达了我对旅行的基本看法。在这封信要结尾的时候，我想对我的孩子你和我所有教过的学生以及其他的小朋友们和读者们，说一声“谢谢”！写这封信的时候，你还不到10岁。从怀孕到现在，我所有想对你说的最重要的一句话就是“谢谢你”。当你帮我倒了一杯水，捧到我的床边的时候，我会说“谢谢”；当我拖着疲累的身躯回家，你帮我开门的时候，我会说“谢谢”。但是我现在想要说的“谢谢”，却不是这个意思，它包含着更多的东西，只有你成年以后，有了自己的子女，恐怕才能理解。中国有句古语是“不养儿，不知父母恩”，这句话，一点都没有错。但是我还想加一句，“不养儿，不知儿孙福”。两代人之间的恩情和福泽绝不是单方面的，而是互相的，是彼此成就的。此外，要和所有我的学生和小读者及家长们说一声“谢谢”。孩子们看问题的角度和方式，常常会给成人带来很多启发。正是你们令我在教育问题上有了自己的思考，是你们在不断推动我向前。我创作的所有童书和我写的每一篇与教育相关的文章几乎都来自你们的启发。长久以来，我深深地觉得，你们来，就是来见证成人世界的邪恶的；你们来，也是见证我们的软弱和丑恶的。唯有如此，我们这些成人才懂得反思，才懂得怎样使自己成为更好的人，才懂得怎样留给你们一个更好的世界。所以，我要开口说“谢谢”，谢谢你们不断地激励我，使我成为比过去的我更好的人。同时也希望每个小朋友及其家长，都能成长为比过去更好的自己。

你的母亲海娜

今天，我们来说“上学”

冷玉斌：江苏兴化人，小学语文教师，著有《教书·读书》。

一

念念：

说起上学这件事，至少离我有20多年了。1998年7月，我从一所名为高邮师范学校的“中等师范”——这是个遥远的词语，一种已不存世的学制——毕业后，我的学生生涯就结束了。现在，虽然每天还进学校，可那不是上学，是上班。有位叫何兆武的老爷爷，他把自己的求学经历整理成一本书，取书名曰《上学记》，而如果写上班之后的事，就叫《上班记》。你看，老先生分得多清楚。如今的我，每天忙忙碌碌地奔学校，其实都是上班，不再是上学，当然，每天与我同行的你，是上学。

如今，上学这件事于你不太喜欢，就算不是每个早上——至少，隔三岔五，睡眼惺忪的你就会边穿衣服边嘟囔：“我不要上学，我不要上学……”

听了这话，我也为难。是啊，学校是没什么好玩的，为什么要上学呢？于是，我说：“那好，今天别去了，帮你请假。”可是，这么一说，立马不乐意的还是你，又嚷起来：“谁说我不去的？我去上学！我去！”

明明几秒钟之前还说自己不要上学。

去就去吧，我们还是在一起，我上班，你上学，奔着同一个地方，一个称作学校的地方。

学校到底是个什么样的地方？我们为什么一定要上学？这两个似乎从来不是问题的问题就留在我心里。寻找这两个问题的答案，不是为了说服你，而是为了说服我自己。当然，不管你说“上”或“不上”，我都能给你一个回答，那样也才比较好，对不对？

二

来看“学”这个字。

你我都知道，中国人今天仍在使用的汉字，它的源头在甲骨文。在甲骨文里，“学”是这样的：。

是不是很难将它与“学”联系到一起？这样一个简单的图案，到底在对我们说什么？古文字学家帮我们破解了密码，×是指古人用来计数的算筹，是“庐”，也就是房屋，合在一起，就表示算术习字的房屋。在这房屋里做什么？哦，就是在“学”。后来，有的甲骨文这样写：。在算筹的旁边加上了“手”，这就突出了大人“手把手”教的含义。最初在甲骨上刻出这些符号的先民，一定是学习高手，他们用简洁明朗的线条，道出“学”的本质。

再后来，出现了金文，在房子里又加上了“”，这就更明确了这屋子里谁在“学”——小孩子，而字就变成了这样：。

仔细看一看，我相信，你已经看出现在我们所用的汉字“学”了。它的造字本义就是“教孩子算数、习字的校舍”。如此说来，我们所谓“上学”，是一点儿都没说错，就是“去学校”的意思。去学校干吗？去学校学习。

最近，我还看到古文字学家朱芳圃先生对这个字的另一种解读，他说“学”字的甲骨文，上部像左右两手结网之形，结网这件事对每个人都是很复杂的事情，没有传授就不能获得，这个“获得”就是“学”的意思，后来再加上“子”，兼有上代教下代的意思。

总之，不管是摆弄算筹，还是结网，“学”的意思变化不大。这样谈起来，我的问题就成了“人为什么要到学校学习”，事情好像变复杂了。

三

还记得，《奇幻森林》上映时，你也去电影院看了，还觉得很好看。其实它改编自英国作家吉卜林的《丛林之书》，主角就是那位狼孩毛克利。说到狼孩，历史上是确有其事的。距离今天一百年前的1920年，在印度加尔各答东北的一个名叫米德纳波尔的小城，人们发现有一种“神秘的生物”出没于附近森林。往往是一到晚上，人们就看到有两个用四肢走路的“像人的怪物”尾随在三只大狼后面。后来人们打死了大狼，在狼窝里发现了这两个“怪物”，原来是两个连衣服也没有穿的小女孩。其中大的七八岁，小的约两岁。这两个小女孩很快就被送到孤儿院抚养，人们还给她们取了名字，大的叫卡玛拉，小的叫阿玛拉。到了第二年，阿玛拉就死了，而卡玛拉一直活到1929年。

为什么会想到这些呢？或许从狼孩身上，我们可以看到一些与“上学”或者“学习”有关的东西。在她们刚被发现时，生活习性与狼一样：用四肢行走；白天睡觉，晚上出来活动，怕火、光和水；只知道饿了找吃的，吃饱了就睡；不吃素食而要吃肉，并且不用手拿，放在地上直接用牙齿撕；不会讲话，每到午夜后像狼似的引颈长嚎。经过7年的教育，卡玛拉才掌握了45个词，勉强地会说几句话。她死时估计已有11岁左右，但其智力只相当于三四岁的孩子。

你觉得，她们是人，还是狼？为什么？

在狼孩的事情传开后，很多人对这件事进行了思考与研究，写了很多的文章来探讨，还有人声称他们在其他一些地方也发现了兽孩——被野兽抚养的孩子。无一例外的，这些孩子刚刚被发现时身上也具有养育他们的野兽的生活习性。对此，你想到了什么呢？

我觉得，人要成为人，需要一个人的环境，与人一起生活。对小朋友来说，开始的时候，生活与学习是一回事，生活，就是在学习。在这样的情况下，一个小小的人才能成为一个真正的人。换句话说，我们学习，就是为了成为一个人，是学习让人最终成为人。

什么样的人才是人，这不是一个小问题，三句两句讲不清。简单说，起码有两点是人所具备而动物没有的，一是语言，二是思维。说这两点是人与动物的区别，虽不全面但并不错，而它们与学习又是紧密相关，人不学，无以言；人不学，无以思。你会发现，很多兽孩最初被找到时，都不会说话，也听不懂别人的话。和野兽在一起的时候，他没有接触过人类的语言，更不用说学习了。因此，我想对你说的是，不管在哪里，和谁一起，人都是要学习的。可以说，人天生就会学习，为了生存，为了生活，就必须学习，关键是人为什么要到这个叫“学校”的地方学习，为什么要学这些。比如，一直惹你烦的数学（不过你学得并不赖）；比如，让你觉得枯燥的品德与生活……人又是怎样学这些的呢，很多时候，怎样学就决定了我们与某一学问的关联是亲密还是疏远。

四

美国前总统奥巴马先生曾到弗吉尼亚州的一所中学演讲，在新学期开始的时候，他告诉孩子们为什么要上学。他说，这是每个人的责任，对自己的，对国家的，对世界的，并且不要害怕失败。“Yes, We Can”，奥巴马的演讲激荡人心，等再大一些，你可以听一听。

演讲里有这样一段，我认为很有力量，与你分享：

> 你们中的每一个人都会有自己擅长的东西，每一个人都是有用之才，而发现自己的才能是什么，就是你们要对自己担起的责任。教育给你们提供了发现自己才能的机会。或许你能写出优美的文字——甚至有一天能让那些文字出现在书籍和报刊上——但假如不在英语课上经常练习写作，你不会发现自己有这样的天赋；或许你能成为一个发明家、创造家——甚至设计出像今天的苹果手机一样流行的产品，或研制出新的药物与疫苗——但假如不在自然科学课程上做上几次实验，你不会知道自己有这样的天赋；或许你能成为一名议员或最高法院的法官，但假如你不加入学生会或参加几次辩论赛，你也不会发现自己的才能。

上个月，你参加了“好书推荐”活动，当时，我在报告厅欣赏了你5分钟的演讲，听完你对《夏洛的网》的推荐，你知道我心里在想什么？我突然有些迷糊，有一些不知所措，这个落落大方、声情并茂又充满真诚的小姑娘，是我的女儿？我，是她的爸爸？这个小姑娘可比她爸爸当年强多了！当时的心情很特别，也不是感叹你长大了，也不是因为你讲得多好——虽然你确实讲得好。是的，在那一瞬间，我忽然又体会到人生的奇妙，在对这奇妙的品味里，感受到上学对你的影响：在班级中，在学校里，你慢慢打开自己，融入其中，开始有了自己的小世界。所谓“自己的小世界”，潜藏着的就是一个人的可能性。在那5分钟里，我看见了那个常常哭鼻子的小姑娘，在她身上有无数的闪光点，有无数的可能性在发生。如果没有学校，没有上学这件事，这种可能性不能说没有，可是，它未必有这么丰富，这么鲜明。说到底，人是在一个群体里，在交往与合作中，成为命中注定的那个人。

在“知乎”上，我曾看到一项问答，好像是问为什么地球上最终会诞生出人类，得到最多赞同的答案是：可能性。

既然地球诞生人类是为了给它可能性，那每一个人就应该给地球最热烈的回应，还它以可能性。毫无疑问，做到这点的唯一方法就是给自己可能性。因此，你的生命需要构筑，年轻或者年幼，总有很多可能性出现在面前，来到学校这个地方，就是为了发现你的才能，打开这一扇可能性的大门。

你怎么看呢？

五

“人为什么要到学校学习”，不会只是你我的私人问题，所以，我就找了找资料。别说，真的有人思考并回答了，还不少。

阿尔贝·雅卡尔，一位来自法国的遗传学家，现在已经是位老爷爷的他曾担任过法国教育部部长。他在一本书里谈了他所理解的“教育”，从他的文章中能够看出他对“人为什么要到学校学习”的看法。他说：“每个社会的首要责任，是让社会成员投入到构造个人的工作中，让每个成员借助与他人构成的联系，成为他选择要做的人。”

依我看，这就叫作“教育”，也可以说这就叫作“上学”。

他接着强调：“教育就是启蒙孩子做交流的游戏，与周围的人互相交流，与过去的或其他地方的人和文明做单向交流。所以，不管教育的内容是什么，其目的并不是提供知识，而是借助知识，提供让人可以参与交流的最佳途径。”

很明显，作为交流的发生场所——学校，它存在的意义一目了然。

他还提出了特别有趣的“雅卡尔教授宪章”：“不要说你去上学是为了学习大纲里的东西，为考试做准备，以后投入积极的生活中；而要说在学校，你经历的是你生命中最积极的时期，你学会提问题，构筑你的智慧。”

我很喜欢他后面这个“而要说”，我相信，每次我说可以不去学校时，你却立刻改口，并不是担心什么、畏惧什么，而是在每天的学校生活里，在与同学们共同度过的光阴里，你总会经历一些生命中最重要的时刻，即使是你未曾留意的，它们也在悄悄驱动着你、塑造着你，使你成长。上学，也没那么可怕，不是？或者说，如果上学真的可怕，那也不是上学本身带来的，那是其他深层次以至是你说不出的东西带来的，对于这些东西，要进行反复思考的是学校、是校长、是老师，或是其他什么人，总之不是你。

六

还有另一位先生也谈了这个问题——日本文学家大江健三郎，他可是获得过诺贝尔文学奖的了不起的人物，他写了一篇长长的文章，说出自己的想法。

为什么必须上学呢？大江先生说，他曾两次考虑过这个问题，都得到了意味深长的答案。

第一次是一个偶然事件，才 10 岁的大江得了重病差点死掉，就在这种情况下，他从妈妈的话语里得到一个答案：“如果我只是独自地走进森林，拿那里的树木与我的植物图画册里的树木做比较，那么我就不能代替已经死去的孩子，成为一个新生的孩子——与那个孩子一致的新生孩子。所以我们大家都得上学，一起学习和做游戏。”

他自己都说这个想法有点儿怪，大概你暂时也难以理解，我稍微解释一下，他的意思是指上学带来了一代人与一代人之间的传承，这种传承不仅是知识的传递，更是文明的延续，这才是人类能够在地球上绵延不绝、长久生存下去的前提。

大江先生的第二个答案来自自己的儿子，他的儿子出生时脑袋畸形，后来做了手术，入学后很不适应学校生活，但很快他遇到了同样厌恶喧闹的一位同学并结为好友。他们彼此扶助、彼此支持，最重要的是，在与好朋友一起听收音机的过程中，大江的儿子发现自己对音乐有很强的理解力，自此，音乐成为他与人沟通的最重要的语言。大江先生感慨地说，对于音乐，它的幼芽只有在学校才能萌发出来，“不只是日语，自然科学和数学，还有体育和音乐，也是深刻了解自己和与别人交流的必不可少的语言，也包括外语”，为了学习这些，孩子们就必须上学。

也许，我可以告诉你，第一次读大江先生这篇文章时，我流泪了，除了大江和他儿子的故事给我带来的感动，我对他的两个答案也特别认同。更有一点，我发现，原来上学是这样一个值得用生命去思考、用心灵去感受的事情——在学校里，一个班的孩子和我一起，上学、读书，但我们从来没有一起坐下来，安静地想一想，给自己一个答案。事实上，当我想到这里，泪流得更厉害了，真难为情。

我知道你很喜欢《疯狂学校》，书中人物 A. J. 曾很自以为是地说道：“When I grow up and have children of my own, I won’t make them go to school. They can just ride their bikes and play football and video games all day. They’ll be happy, and they’ll think I’m the greatest father in the world.”（当我长大后有了自己的孩子，我不会让他们上学。他们可以骑自行车，整天踢足球和玩电子游戏。他们会很幸福，会认为我是世界上最伟大的父亲。）

你觉得，长大以后，他这个爸爸真的会这样做吗？不要忘了，他之所以得意扬扬说出这番话，正是得益于他在一所独一无二的学校里受教育。

七

不能不说的是，如今人们谈论的上学，内涵更加丰富，形式也很多元，比如在家上学，比如有很多学习营。说起学校，也不一定是我们印象中的一幢幢大楼、一间间教室。如果是网络学习，做老师的与做学生的，都只需要一台电脑，还有放电脑的一张桌子——要是用平板电脑，哦，天哪，连桌子都不要了。

还有，关于学校，关于上学，往往会听到很多批评的声音——包括你自己，你的批评也不少。但是，实际上，你要知道，就人类的历史而言，学校是一个了不起的发明，是一个在全世界得到推广的成功模式。有些孩子曾向图宾根大学的格伦德尔教授提问：“为什么学校枯燥无味?”这位教育家对他们说：“孩子，这个问题提得不对。学校本身根本不枯燥无味，更不是成年人想出来折磨孩子的。不过学校有好有差，这完全取决于各个教师的授课质量，或取决于班级的拥挤程度、课程表的安排情况。如果取消了分数制，学生们未必会爆发出大规模的懒惰病来，或许他们会更勤奋，因为他们发现学习能带来乐趣，学校并不那么枯燥无味。”

还记得吗，我前面就提过，有些事情，从来不是你的错，遗憾的是，它们往往直接影响着你。

好在，我知道，说到底，只要学校里有小朋友在一天，学校就不会那么枯燥无味。据说，这唯一不由校方提供的资源，恰恰是所有的孩子在上学时真正幸福的源泉。

八

说说我自己吧。

你猜猜，要是让现在的我回想上学这件事，最快乐、最难忘的片段是什么？大概你是猜不到的，原因是现在的小朋友很少能享受到同样的快乐了——我说的是上学路上的快乐。

现在，没多少小朋友是自己一个人走路上学吧？

小时候，我上学，从厂区宿舍楼出发，穿过一个厂区篮球场，路经一个厂招待所，出南门，走斜坡，拐上大桥，再一跃而下，上了街道，过一列水果摊，到镇中心，右拐，过电影院，抵达学校。这路线说起来特别明白，目标明确，差不多15分钟走到，可你要知道，当年那个小男生每天都有把上学之路变成冒险经历的本领，他所路经的每个岔路口，都有延展出一个新故事的可能。很久以前，你爸爸就有了“不走寻常路”的追求：一路上，跳起来够一够永远够不着的篮筐，翻越过斜坡，钻过大桥洞，那条并不宽阔的街道，两旁都镶着岩石，凹凹凸凸，是天然的攀岩场——很多年以后才知道当时我们一帮小屁孩每日爬上爬下竟有这么个专有名称。水果摊一向不被喜欢，从那里男生女生就分道扬镳。我们爬下坡，窜进小巷，像最勇敢的战士那样，在一处又一处巷口发起一波又一波冲锋，直到灰头土脸，筋疲力尽。可怕的是，在此时，学校的钟声从远处悠悠传来，这是总攻的号角……对了，还有电影院，玻璃框里的海报是我最初的观影启蒙，上学路上绕个道儿欣赏一番，实在是美事一桩。

唉，那真的是很久以前的事了，可我一直还记着。

读师范时看到沈从文先生的散文，有一篇文章里他回忆逃学后的情形，我一读即大有所感。我没勇气像沈先生那样直接逃课，但那般游游荡荡的耽溺与张望，真仿佛让我回到少时上学路，并且，实实在在说，沈先生自称由逃学习惯形成的“不安于当前事务，却倾心于现世光色，对于一切成例与观念皆十分怀疑，却常常为人生远景而凝眸”的性格，后来的我，也是有那么一点的。很难否认，这与我当年上学路上的“自由与浪漫”全无瓜葛。

九

如果，可以重回小时候，我愿意在那条路上等待那时的我，直到他出现，在他要跑下坡的时候，我一把拦住他，不为别的，我就只问他一件事："你说，你为什么要上学?"我不知道他会怎么说。我替他想一想，估计就算只是为了这一段路上的快乐，他当时也一定不会拒绝上学的。

或者，我是不会叫喊着把他拦住的，把他吓着了怎么办。在那已经永远消失的上学路上，我就远远地看着他，用力地把他记住，像对一位永不再见的老朋友。

看起来，后者更可能也更恰当些，正是此后十几年的学校教育，让我明白了在不同情况下我该怎么安排我自己，选择做正确的事。从这一点看，我们都应该去上学，是学校帮助每一个人将智慧变为工具，尤其在你丧失信心、认为不再会有进步、没有任何可能的时候，帮助你度过所有思虑世界、怀疑自我的时刻。

——这才是人之为人的决定性时刻；这就是学校之于人的最大意义；这也是我们必须去上学的最佳理由。

爸爸

》和孩子谈计划

王胜：一位陪孩子用诗词迎接清晨的父亲，有两个性格迥异的女儿。一位教育公益界的传奇人物，12 年前跟随博士生导师朱永新教授开始踏入教育公益领域，一做就是十几年，从新教育实验，到著名的教育智库——21 世纪教育研究院，再到自己创办的上海百特教育，每一步都做出了令人耳目一新的教育创新。他所领导的上海百特教育是国内最大的专注于青少年经济公民教育的专业机构之一，2009 年以来服务了超过 100 万儿童和青少年。

亲爱的珊珊：

爸爸又出差了，又踏上了去一些学校走访和培训的旅途。其实，爸爸很不情愿离开家，离开你和妈妈去到遥远的地方工作。可是爸爸的工作性质决定了爸爸需要走进学校去和老师、学生直接接触和交流。爸爸很喜欢自己的工作，很喜欢这种带给学生和老师一些观念和行为改变的经历，它承载着爸爸的梦想，只是它需要我付出沉重的代价，这个代价就是爸爸需要不时地离开你和妈妈，去忍受与你们分离的痛苦。不过这样的分离也有好的一面，它使得我可以在与你有一段距离的情况下，更好地思考和你有关的一些事情。

这次旅途中我脑中不时浮现出和你交往中的一些事情。我记得前天我走进你的房间，看到你坐在书桌前面，书桌上放着作业本，手里却拿着手机拨弄着。你已经上高一了，做作业时玩手机已经是老毛病了，从初中开始给你手机时，这个问题就让我和妈妈伤透了脑筋。昨天是学校月考的日子，月考成绩事关你的年级排名，而一个靠前的排名往往意味着很多潜在的机会。你平时玩玩手机就算了，这么重要的时刻居然还是如此这般，真是让我很恼火！

可是我不能发火，自从你进入小学高年级以来，尤其是进入初中之后，我就不能再像过去那样对你大喊大叫，更不能用打屁股来提醒你了。你长大了，过去的那些招数你已经很熟悉了，也知道了如何应对，知道爸爸妈妈的哪些话可以听，哪些话可以当作耳边风。我们唠叨多了，你根本不当回事，该干什么还干什么，我们也不能把你怎么样。能不让你吃饭吗？不行。暂停零花钱的发放，你说可以不用钱。真是打不得，骂不得，必须要有更有效的沟通方式才好。

当时，我压抑着火气走过去，问你复习得怎么样了？你回答说："还行吧。"这是一个标准得让人摸不着头脑的回答。除非我深入了解你学习的内容，知道你具体的学习进度，否则我无法知道你复习的真实情况，而我工作很忙，真的无法知道你究竟学习到了什么程度，只能寄希望于你管好自己，寄希望于你对于学习有正确的评估。"来得及吗？"我当时又问了一句无用的话，徒劳地表达我对你的关心。"嗯，差不多的。"你用"外交辞令"又回复了我一句。

现在在飞机上，你的回答仍然让我有些恼火，我真切地感受到自己对于你管教的无助，感受到自己已经难以影响到你的思想、行为和习惯，而这种真实的无助感让我感到莫名的愤怒。我记得我当时忍不住大声问你："你究竟还想不想好好学习了？你这样一边学习一边玩，有什么意思呢？既玩不好，也学不好！你究竟想怎样？"

你侧着身子，没搭理我，沉默了一会儿，你转过头来看着我，眼泪顺着脸颊流下来，哽咽着说："我也不知道，我没有目标。"

你的回答让我大吃一惊，让我头皮发麻，脊背一阵凉意掠过。我没有想到你会如此回答我，而你的回答又让我一下子明白了你所有那些让我们恼火的表现背后的原因。

一个人没有了目标，也就失去了内在的动力；而失去了内在的动力，所有外在的规劝、帮助和鼓励都失去了应有的效用。

而让我感到一丝丝绝望的不仅仅是这个现象，而是这个现象背后的真相：一个人的内在动力是无法由别人给你的，只能由你自己找到目标后而产生。这意味着我们作为父母在这个事情上几乎是无能为力的，是无法替你去产生这个动力的，只能用迂回的方式促使你找到自己努力的方向。

"你怎么会没有目标?"我低声问你，压着心里巨大的不安，回头拿了抽纸给你擦拭眼泪。你擦了擦泪水，慢慢说："小安（你的初中同学，好朋友）知道自己将来要做画家，准备考美术学院，现在天天练习画画。小宁（你的另一位初中同学）计划到美国考纽约大学的金融系。他们都知道自己将来要做什么，我不知道自己将来要做什么。"

"你怎么会不知道将来做什么?"我几乎不相信自己听到的话，这也是我最不想从你嘴里听到的话，我一下子不知道如何回应你的话。我们花了很多时间给你提供各种学习的机会，也几乎从来不压制你的想象，让你自由发展，自己去做选择，就是为了让你有足够的空间和机会去为自己的将来做好选择，确定好自己的目标去奋斗，可是眼下你的真实的表白让我觉得我们之前的所有努力几乎白费了。

"难道你不想学习音乐吗?"我小心翼翼地尝试着问你。你 14 岁就考过了英国皇家音乐学院的钢琴八级，你可以继续攻读英皇的钢琴证书课程和本科课程，只要你愿意，而你也从来没有说过不愿意。"我不知道我是否一定要走音乐这条路。”你回答说。这个回答也证实了最近一段时间你为什么没有继续努力攻读英皇证书，而这让我和妈妈感到非常可惜和着急，你只要坚持努力一下，就可以拿到那么好的证书，也可以学习到一定的高度，可是你现在却不愿意。

“那你究竟想学什么呢？”我继续问你，用了和你心平气和地商量的语气。你也已经平静下来，你说：“我也不知道，不过现在挺喜欢写作的。”我知道你自己也拿不准未来是不是就走写作这条路，所以也不敢确定自己的选择，更重要的是你不清楚自己的选择与自己所需要付出的努力之间的复杂的长线关系。

“你喜欢写作这很好呀。”我赶紧顺着你的话往下说，生怕漏了这个难得的苗头，尽管心里也觉得此事距离靠谱还有很长的路要走。“那你就多写写好了。”“我在看你给我的《写作是什么》，也在写一些文章。”你的回答让我欣慰不少，可是我的疑虑并没有消除。

我很难说成为作家就一定会是你未来的目标，这个话我就算想到了也不能说，要说只能是你自己说出来。这个目标只有你自己制订才真正有效，而你也必须为自己的选择负责。

我猜想你自己也没有做出最后的决定，而这又着急不得。你才 16 岁，怎么能够让 16 岁的你一定要做出一个重大的人生决定？我分明看到你谈及写作时眼中的光亮，以及随之而来的犹豫。我当时开导你说：“不着急的，你慢慢发现自己喜欢什么，想做什么，爸爸在你这个年龄什么都不知道，一直到 35 岁才知道自己想做什么。”

话虽这么说，我心里还是不免有些着急，因为尽管我和妈妈知道你未来的人生目标可以慢慢寻找，但是你眼下的犹豫不决，你眼下的缺乏目标却直接影响到了你的日常学习和生活，影响到了你为明天考试的复习。谈了半天，这个火烧眉毛的事情依然没有解决！

一个人缺乏明确的目标的最直接后果是他会缺乏一个可行的行动计

划，以及学习会没有效率，时间被大块大块地浪费。因此，你明明知道边学习边玩手机不好，却控制不了自己，还是边复习边看手机，遇到难一点的习题，不去努力思考攻克下来，而是拿起手机看看有没有同学的QQ 信息，翻翻微信什么的。这样做既消磨了时间，也消磨了你克服难题的决心，一直到没有办法拖了，草草了事，或者干脆上床睡觉。

我和你谈未来的目标是想促使你把未来拉到现实里，确定眼下的一个小目标，比如说，为了明天的月考，好好复习两个小时。

可是对于吃穿不愁的你而言，一个明确的目标在哪里呢？一个可行的计划在哪里呢？那种给自己打鸡血的动力从何而来呢？

是呀，有谁能够确认自己当下的努力会和十年后、二十年后自己的成功有必然的关联？

我们做父母的又如何让你相信自己当下的努力是值得的，且有利于自己未来的发展？这种看上去虚无缥缈的自信从何而来呢？

我想起你年幼的时候我们对你的教育，你眼下的情形无疑是过去教育的结果。而你之所以一方面自己有明确的选择，一方面又如此犹豫不决，是由于在你小的时候我们给予你的关爱有缺陷和缺失造成的。

在你 2 岁到 10 岁期间，我忽视了对你的关注，长期出差导致给予你的教育时间严重不足，更为要命的是那个时候的我，作为父亲，作为丈夫，在生活中对妈妈吹毛求疵多于赞赏鼓励，对你则给予太高的期望，却疏于肯定赞扬。这种对别人严苛，对自己宽松的生活态度直接导致你在生活中缺乏点滴的支持和自信心的积累。你的自信心不是来自空洞的表扬和奖励，而是来自日常生活中点点滴滴的肯定和鼓励，那些点滴的肯定是你建立自信心取之不尽的源泉，是你面对复杂多变且未知的未来人生时依然有坚强信念的来源。这种坚强的信念无法灌输给你，只能是你自己在长期的日常生活中慢慢培养起来，在爸爸妈妈的言行举止中体会出来。

我现在身处万米高空之上，想着对自己的未来产生困惑的你心里后悔不已，后悔当初应该换一种态度对待你，对待妈妈，应该更多地鼓励和赞赏，而不是动不动就批评，那些所谓的以爱的名义的批评和指责，其实是一点点伤害着你的自信心和内在动力。当然，我也不是全部做得不好，也有一些神来之笔让你还是很开心的。

总的来说，你活得比较开心自如，我和妈妈几乎不严格要求你一定要怎么样，绝大多数情况下都让你自己做出选择，自己为自己的选择负责。而对于你而言，除了设定合适的目标之外，最难把握的就是对于时间的管理，以及随之而来的制订合理的行动计划。有没有目标是一回事；有了目标，能不能制订合理的行动计划是另一回事。

时间是一个无比抽象的东西，你不通过学习和练习，很难管理好这个看不见摸不着，却又时时影响到自己的东西。

我记得在你上小学三年级的时候，因为我已经开始推广“阿福童：社会理财课程”，课程中有一些时间管理的内容，当时我就开始引导你学习如何认识和管理时间。

那个时候让我和妈妈最头痛的事情莫过于你每天写作业拖拉，到了晚上十点、十一点作业还没写完，直接影响你睡觉的时间，第二天早上又不能准时起床，耽误上学！当时我就想从这个事情下手去影响你。

不知道你记得不记得了，那时我让你每天放学后拿个小本子记录下从放学后到睡觉前的安排，就是做了什么事，用了多少时间，先记录下来，不用考虑时间分配合理不合理。你觉得好玩，就天天记录，记录好了我就鼓励你、奖励你，于是你就断断续续地坚持下来了。记录了一段时间，我就和你一起分析你的记录，某一天，语文作业 30 分钟，数学 50 分钟；第二天，语文 50 分钟，数学 40 分钟；第三天，作文 60 分钟，吃饭 50 分钟……我就会问你，为什么这天语文做得这么快？为什么那天吃饭花了这么长时间？

在这种非常具体的讨论中，你一点点地对于时间有了一些概念，知道了多长时间可以做成多少事情，也体会到了一旦精力集中，时间就会用得少，也就是效率就高的道理。当你对于时间的使用有了具体的感受，你就可以过渡到下一步——制订一个有效的行动计划。制订计划，看上去是很简单，可是如果你对于时间的效用没有体会，没有感受，那些与时间分配有关的计划只是一堆文字而已。

我记得经过了将近一年时间，到你四年级的时候，我让你开始制订每天的作业计划，也就是每天放学回家后到睡觉前，某个时间段做什么事情，这个阶段已经超越了对时间的简单记录，而是主动地设定某个时间段的作用。然后，我会让你在睡觉前复核一下放学时制订的行动计划，看看实际所用的时间与计划的时间是否吻合，如果不吻合，思考原因是什么，第二天应该做哪些修订。至今我还清晰地记得，那时你常常在睡觉前高兴地对我说："爸爸，我今天计划完成得很好！作业都完成了，我还读了一本书！"

那种情况下，你对于时间的妙用已经有了具体的体会，并且也知道了因果的作用，也就是自己的付出与结果之间的那种微妙的说不清道不明的关系。俗话说，菩萨畏因，凡人怕果。说的就是与其在出现结果时抱怨、后悔和惧怕，不如提前考虑和管理自己的行为，产生好的因，自然就收获合理的结果。这种人生的因果关系的体会对于你是难以用说教的方式给予的，只有通过你自己的努力一点点感受到，并且形成自己的思维习惯和行为习惯。

这种润物无声的教育唯一的难点是需要我和妈妈要有耐心，需要长时间的积累来逐步养成。教育是慢的，这不是一句虚言。

从四年级开始，你开始会制订一些行动计划了，也就开始管理自己的行程了，那种对于自己的有效管理感受对于你一生而言都是很重要的。但是，这并不是一个容易的过程。尽管你学会了如何制订计划，如何管理自己，但是这不意味着你就可以一直管理好自己，因为制订计划和实施计划还只是成长过程必须掌握的“术”，而让你产生持久动力的“道”——你自己未来的梦想——却是需要我和妈妈更耐心地去培养和呵护。我们让你保持对于未知事物的好奇，从设定小目标开始，一点一点积累自己的感受，从而拥有对自己把握未知未来的自信。

珊珊，在成长的过程中你会遇到诱惑，也会遭遇很多困难和挑战，这些诱惑和挑战会让你动摇、偏离、懈怠等，我们成人有的诸多毛病，你也将一一遭遇到。就像你前天不愿意为第二天的考试复习一样，你其实非常清楚自己应该认真复习，并且也知道只要自己认真复习了，第二天就一定可以考得很好，可就是提不起精神来，就是不愿意去复习！这种情况下，已经不是如何制订计划、如何管理时间的事情了，而是如何控制自己的情绪，如何对自己严格要求，这是你的意志力的问题了。

我还清楚地记得在和你平静地谈了一次之后，我问你是不是知道自己该做什么了，你点点头。我还问：“自己把手机管理好，复习好了再看不迟，能做到吗?”“可以的。”你答应道，转身坐到书桌前开始复习了。

珊珊，你知道的，我一直放手让你管理自己的手机，我知道你会经常管不住自己玩手机，但是这就是你所要面对的现实，也是你成长过程中必须要过的坎。在有了或长或短的目标，也制订了行动计划之后，能否实施好计划，实现目标，就取决于你能否管理好自己，而这个能力没有人可以代替你。作为你的父母，除了无限相信你最终能够管理好自己，不断督促和鼓励，也没有太多更好的方法。相比各种干涉你的方法而言，相信你自己能做到自我管理是最好的办法。因为，一个人意志力的培养与内在动力的产生一样，只能来源于自己。外在的刺激、鼓励和鞭策可以起到一定的作用，最重要的还是自己对于自己的约束和管理。就像爸爸为了实现自己的梦想，必须接受与你们分离的痛苦，接受种种生活上的不便。因为这是我自己的选择，我需要为自己的选择负责。

珊珊，我希望你能够明白爸爸的苦口婆心，我也相信你可以同样为了自己的梦想管理好自己，去做更好的自己。

爱你的爸爸

分数不重要但成绩很重要

魏金宝：在教了8年高中数学之后离开了讲台，重新进入大学学习教育，在此期间开始研究教育评价问题，并作为主要成员参与多地教育质量评价项目，写了几篇学术论文发表于《考试研究》等刊物。毕业后与朋友联合创立了一个教育科技公司，致力于给中小学生提供诊断性的学业评价，目前负责公司产品。

宝贝：

爸爸很想你。刚刚放下电话，但我却更想你了。

爸爸现在在苏州，大人们管爸爸现在的这种工作叫创业，听着很酷，其实是很辛苦的。创业辛苦到什么程度？有一句玩笑话是这样讲的：白天当老板，晚上睡地板。爸爸虽然没有惨到晚上睡地板的境地，但与以前相比，爸爸的瞌睡好像少了很多。以前，爸爸晚上不到11点眼皮就已经开始打架了；现在，晚上过了12点爸爸还在熬夜干活。以前爸爸早上起床很费劲，现在早上6点钟就会准时醒来。

爸爸是专门做考试的。因为一直以来不合理的考试把孩子们学习的兴趣都考没了，所以爸爸要做一个更合理、更科学的考试，能够给孩子们的学习起到更好的帮助作用。

你那天打电话说自己这次考试考得不好，心情有点低落。正好菜虫爸爸让我写一封有关考试与学习话题的信，于是我想借这个机会和你说道说道，正好这封信也可以给其他孩子和他们的爸爸看。

首先，分数和成绩是不同的。你这次考试考得不好，仅仅是考试的分数不好，不要着急，也不用心情低落。即使单纯地看考试分数，也不是一直不好，仅仅是这一次不好而已，更何况分数尤其是低年级的考试分数根本不能代表什么，所以你根本不用心情低落。

以后你还会碰到各种各样的考试，常见的如期中考试、期末考试、模拟考试、升学选拔考试，还有不太常见的如能力倾向方面的考试等，这些考试都会有一个分数，有的甚至不止一个分数。但无论是什么样的考试，都有它的目的性，不同的目的，分数的意义是不同的。

明确了这一点之后，你就可以对这一次的考试分数做一个分析。这次考试是学习过程中的一个单元小测验，目的是为了检查你在这一单元的学习是不是达到了要求的标准，如果达到标准，那就行了，没有必要追求满分。

虽然你在以后的学习过程中会碰到各种各样的考试，但按照功能来划分，考试也就两种。

第一种跟你这次考试类似，叫达标测验。刚刚已经说过，这种考试，只要达到基本的标准就行了。达到了标准，意味着你具备了学习后续内容的基础，可以继续学习后面的内容了。当然，在平常的考试中老师可能会给你弄一个讨厌的排名，不要理会它，100 分的第一名和 85 分的第 20 名，都可以学习后面的内容，而且在以后的学习中谁学得更好都说不准。有一个叫陈省身的爷爷，给一个大学的学生题了“不要考 100 分”的词，他的意思大致也是如此。

第二种考试叫能力倾向性测验，这一种考试应该考出来一个人在不同能力方面的优势倾向，指出不同能力的人适合于朝哪个方向发展，给其人生规划提供一个建议。选拔性的测试，就属于这种考试。一个人是不是某一领域的人才，主要看三个方面：第一看他在这一领域所需要的能力方面是不是大于平均水平，第二看他是不是具备执着精神，第三看他的创造力。好的能力倾向测验，除了看相关能力方面的表现之外，同等重要甚至更为重要的是要看他是不是具备执着精神和创造力。这一切，只要求在相关的能力方面大于平均水平就行了，并不要求一定要有很高的分数甚至满分，更不要求所有的方面都要考满分。目前咱们国家的所有考试中，还没有一种特别有效的能力倾向测验能够考查这三个方面。

无论这两种当中的哪一种考试，分数都不是非常重要的。

具体到你的这一次考试，比较一下你就会发现，你语文的分数低，数学的分数并不低。这依然不足以说明你在语文的单元学习中不达标。进一步分析，这一次考试分数低的原因，主要是两点：字词和写话。有很多的字写错了，词语用错了，写话也存在问题，那种很生硬的模式套用，已经可以看出套作的痕迹了，这是我比较担心和痛心的。

一个人的基础学习能力有三个方面：语言能力、数理能力和图形能力。这三种基础能力就像是建筑的时候搭的脚手架一样，帮助你建造起自己的知识体系。在语言能力中，词语运用能力和表达能力是非常重要的两个方面，你的字词和写话部分的失分导致这次单元检测的分数低，这些都和你所受的语文教学有着密切的关系。你的语文作业最多的就是写字写词语，而你和你的同学们在做这种作业的时候，大多数都是每个字抄写五遍，再组个词语，而这是一种很有问题的做法。这种做法影响的可不仅仅是分数，更是成绩，而成绩是很重要的。

是的，成绩很重要。成绩并不等同于分数，成绩是一个人过去的积累，包括对知识的积累和对能力的积累，而积累是很重要的。有一个很有名的一万小时定律，说的是如果一个人在一个领域持续地投入一万小时的精力，他就会成为这个领域的专家，说的就是积累的重要性。

怎样积累呢？很多人都说过这个话题，爸爸只就自己的理解，从爸爸从事的考试研究的角度说两点意见。

第一点，必须好好积累两种基础能力，这两种基础能力是语言能力和数理逻辑能力。这样说你可能觉得很空很笼统，我分解开来说。

先说语言能力。每一种语言细分一下，包含了这样一些方面：词语积累、词语运用、阅读理解、交流表达。这些方面的积累，可千万不要用抄写几遍字和词语的方式去完成。那么应该怎么做呢？首先要弄清楚，这个字表达的是什么意思，可以组成哪些词语，这些词语在句子中是怎么用的，最后再看清楚这个字是怎么写的。这些积累主要完成的是对高频词和常用词的认识和理解，掌握这些高频词和常用词实际上就是掌握一些事实和概念。事实和概念掌握得越多，对后续的学习也越有利，一万小时的积累其实也就是对事实和概念的积累，同时对方法做一些练习。这种积累就好比是搭起了一个建筑施工时候的脚手架，以后的一砖一瓦都是在这个脚手架上进行的。那些搞研究的大人把这个道理总结成了一个理论，这个理论的名字就叫“脚手架理论”。

数理逻辑能力，细分为数字运算、数的推理、空间知觉、逻辑等方面。这些方面的经验积累与语言能力都是后续数学和科学学习的“脚手架”。

第二点，成绩，也就是积累，主要靠阅读来实现，所以阅读很重要。就我所能想到的来讲，阅读的重要性体现在阅读的内容和阅读的方法两个方面。

阅读的内容方面，核心在于宽不在于专。在早期学习的阶段，阅读要尽可能宽，领域要广，故事要读，科普类的也要读。当然这一点在你很小的时候做得很好，现在慢慢大一点了，不但能够归到文学类的书要读，其他领域的比如科学类的、历史类的、哲学类的、经济学类的书也都要读。在中国，很多人一说起读书就只想到读文学类的书，这是病，得治。要是仅仅读文学类的书，那爸爸基本就是一个文盲。网络上有很多推荐给孩子阅读的书单，我发现基本都是偏文学类的，你可别完全按照那种书单去读。也有很多朋友们问爸爸要推荐书单，一开始爸爸也试着推荐过，后来基本就不推荐了，因为我发现想要让推荐的书单适合孩子其实也是很难的。每一种推荐书单都难免带着推荐人的偏见在里面。唯有多读，自己多读，才能找到适合自己的。记住，要读各种门类的书，不要小小年纪就把自己读成一个“专家”。现在读成了“专家”，将来“专”的旁边就可能会加上“石”字旁变成“砖家”。这么个简单的道理，这几年来也被一群搞研究的大人们弄出来一套“博雅教育”的理论出来，你是不是又觉得大人们总是没事喜欢玩高深呢?

至于阅读方法，搞理论的大人们告诫我们，要精读和略读相结合、中文英文相结合、批判与接受相结合。说得有板有眼但是好无趣，其实就是说你在读的时候，有些要读得详细一些，不但要了解信息、理解大意，还需要你对它做出分析和评价；而有些则要读得简略一些，只要理解大意或者获取关键信息就行了。当今世界的联系越来越紧密了，你不但应该读汉语写的内容，也需要读英语写的内容，这些内容都需要你在阅读的过程中不懈地质疑，并且能够包容不同的意见，能够区分哪些是在陈述事实，哪些是作者自己的观点。

爸爸希望你不要再对分数焦虑，能够坚持阅读和积累。这样，爸爸就不用担心你的学习了，你自己也会学得越来越有信心，即使考试分数低一点也没关系。

爸爸

当一个小女生在学校被同学欺负时

戴玮：家有小学生。曾在商业领域混迹多年，亦持续尝试参与民间公益。生了孩子以后才发现，当妈妈才是最有趣的工作。创办微信公众号“方涣涣”，带领社群践行亲子阅读，主张父母终身成长。

亲爱的雪：

今天，妈妈想跟你谈谈校园霸凌。

咱家有本你喜欢的绘本《我的名字克丽桑丝美美菊花》，大意是：

老鼠夫妇生下了一个小女孩。

他们十分疼爱她，给她起名叫克丽桑丝美美。在爸爸妈妈的心里，这是个完美的名字，就像他们完美的小宝贝。

克丽桑丝美美在爸爸妈妈的呵护下一天天长大。她喜欢自己的名字，也认为自己的名字是绝对完美的，直到她5岁去上学。

班上有个自负的小女生维多利亚，维多利亚还有几个小跟班。这几个人每天都嘲笑克丽桑丝美美：“克丽桑丝美美”这个名字太长，有13个字母，名牌上几乎写不下，而且，它还是个花的名字。

因为每天上学都被嘲笑，克丽桑丝美美非常难过，开始觉得自己的名字糟透了。

楚德老师不管用。父母的安慰也只能起到一点点作用。

她不想去上学，想改名，晚上做噩梦，上学的路变得漫长又艰难。

直到最受小朋友爱戴的音乐老师廷柯老师出手，给了克丽桑丝美美大大的肯定，局面才得以扭转。维多利亚等人失去了自负的资本，反而开始羡慕克丽桑丝美美了。克丽桑丝美美开心了起来。

你在四五岁的时候最喜欢这个绘本，用蜡笔在克丽桑丝美美的衣服上画了很多花朵，还在维多利亚的身上打了很多大大的“×”。

《我的名字克丽桑丝美美菊花》写的是一个发生在校园里的欺凌事件。一个被父母捧在手心里长大的小孩去上学，因为这样那样的原因，遭遇持续的嘲笑和攻击，被孤立，很受伤。

这种事情，也可能会发生在你的身边。让我们来看看，不同的人遇到这种事后，他们都是怎么做的。

一、父母是怎么做的

小孩回家哭诉说不想上学了，因为被欺凌。这个时候父母应该怎么做？

前几天，我们看到一则新闻报道，说北京有个孩子在校园里被同学欺负了。他的爸爸妈妈是怎么做的呢？去找对方家长，没搞定；接着找学校，又没搞定；再找北京市教委，还没搞定。后来，只能上网爆料、找媒体，让网友们在网上展开攻势！

克丽桑丝美美的爸爸妈妈没有那么做。

他们给了女儿坚定的支持、深深的拥抱、充分的陪伴、贴心的美食——这是好的。

第一天，猝不及防、手足无措的爸爸妈妈本能地回护：“哦，什么呀！你的名字很美。”“而且很珍奇，而且很贵重，而且很迷人，而且很有魔力。”“你的名字就是你。”“完美无缺!”——这其实是徒劳的，连克丽桑丝美美都知道，这样根本不能解决问题。

第二天，忐忑的父母也带有情绪了，他们跟孩子说：“他们只是嫉妒你。”“而且羡慕，而且小气，而且不满，而且偏见……”——呃，这可有些离谱了。孩子被排斥，只是因为她的名字与众不同。在儿童的世界里，与众不同常常是最容易招来排斥的。而且，如果一定要追根究底的话，执意给孩子起这样的名字，语不惊人死不休，害孩子写起来手疼、读起来嘴疼、向人介绍起来累个半死的，不正是父母吗?

发生在幼儿园的这一幕，才是漫长的一生的序幕。想一想真心疼那些被父母起名为“范统”“杜子腾”“刘产”“秦寿生”“夏建仁”的孩子，为什么他们的父母不替孩子的未来想一想呢?

好在，克丽桑丝美美的父母虽然被现实打了个措手不及，危机应对并不出色，但还是做对了以下这几点：

1. 没有护犊子，立刻冲出去替孩子解决问题。

2. 给了孩子完全的、坚定的爱与陪伴。

3. 立刻行动，把问题放在孩子成长的历程当中，而非当成孤立事件，让孩子去学习解决。

4. 积极学习。书上画到，有两次，妈妈抚慰孩子时，爸爸在一旁焦虑地翻看儿童发展心理学的书籍。

嗯，值得为他们点赞。

二、老师是怎么做的

绘本中有两位老师：班主任楚德和音乐老师廷柯。

不止一次，当维多利亚她们嘲笑克丽桑丝美美时，楚德老师都在场。她并不认同维多利亚她们的做法，但她并没有去制止。现场老师的不作为使维多利亚她们的欺凌得以持续，从这一点来说，楚德老师是失职的。

音乐老师廷柯被孩子们崇拜、迷恋，并不仅仅是因为她年轻、漂亮、歌唱得好，同时她还是个好教师。她能敏感地发现学生中的欺凌行为，并且会及时、果断地介入，用柔和的方法解决问题。所以，孩子们爱她。

三、施害人是怎么想的

维多利亚在嘲笑克丽桑丝美美时，显得见多识广，有领导力。她知道发言前要举手。她在演出时忘记了全部的台词。当她嘲笑别人时，她的内心也应该被关注。

那几个跟屁虫呢？在寻找伙伴、寻找认同的过程中，她们又在经历着什么？付出了什么代价？收获了什么？

她们都才只有5岁。

四、我们能不能理解这件事里边的“当事小孩”

其实，我曾经就是那个“当事小孩”。我也是“廷柯老师家的那个小克丽桑丝美美”。

请任意组合以下标签，猜一猜，我的童年在校园里是否会发生欺凌或被欺凌：

A. 教工子弟

B. 有两个大哥哥

C. 小个子

D. 父母的心肝宝贝

E. 从3岁起常常登台表演

F. 上学之前几乎没跟女孩玩过

G. 跳级

H. 频繁转学（跟随父母工作调动）

按理来说，符合A或B，我就有可能成为欺凌者。

先说A。

在义务教育还远没有影子的时代，我从小学上到高中毕业，学费一直都是全免的。因为学习成绩好，每学期还都能拿回家5块钱奖学金。

总的来说，那个年代校园里的教工子弟，隐约有点像这个年代社会上的“官二代”，教工子弟就算犯了错，学校也只能批评教育，最多警告，而不能开除，也不可能勒令转学（当地只有这一所学校）。所以，教工子弟可以有恃无恐，可以欺负人。

再说B。

在多子女时代，家里有两个哥哥很普遍，兄弟姐妹还有更多的也不稀奇。我的两个哥哥分别大我10岁和6岁，并且几乎无条件地保护我——这个很威风。反正，我小时候，没人敢招惹我。那，我会不会去招惹别人、欺负人呢？

换个角度来看，符合C、D、E、F、G、H，我有可能成为被欺凌者：小屁孩儿，常出风头，外来的。

事实上，我的学生时代，既不受人欺凌，也不欺凌他人，但我喜欢管闲事，常常是别人打架我评理。

也许你想知道：有着一大堆与欺凌似乎关系密切的标签，我是怎样远离欺凌的？

“教工子弟”和“哥哥撑腰”当然是很重要的因素，但更关键的还是父母的教育和引导。

“我来到人世间，受所有人的欢迎，没有人不欢迎我。”——从小到大，我所见闻、所感知的一切，令我对这一点深信不疑。

我的爸爸妈妈一直盼着有个女儿，我的两个哥哥一直盼着有个妹妹，我的爷爷奶奶不重男轻女。就连学校里别的老师家，也厌倦了接连生了那么多小子，觉得应该来个小姑娘，换换品种、换换品味了。

一直以为，我后来能够长成一个似乎心底源源不断涌出能量的人

(常被朋友们戏称为“太阳能型人”)，婴幼儿时期被全然接纳是最重要的原因。

说件旧事。

中国小孩，大约小时候常常会遭到来自周边大人的戏弄：“你的鸡鸡没有了!”或者“你不是你妈亲生的。”

我小时候，也被人故作神秘地戏弄：“你知道吗，你不是你妈亲生的。”给到我的理由是：“你看，你妈都四十多了，怎么会生得出你呢?”

还有，“你看，你两个哥哥都姓李，你却姓戴。”

还有，“你爸爸妈妈都是双眼皮。双眼皮生的孩子也是双眼皮。看你大哥，两个眼睛都是双眼皮吧？看你小哥，一个单一个双。看你，两个单。所以，你不是你妈亲生的!”

即使在这样似乎证据确凿、无可辩驳的情况下，我也坚信：就算我不是我妈亲生的，我也是他们最疼的！你看，我生病，我妈抱着我走着去医院（那时我妈体重也就 80 斤）；我流鼻涕怕痛，我爸给我舔；两个哥哥常常被竹条修理，我却从来没被动过一手指头……

我相信：被全然接纳的孩子，可以因爱生“信”，继而充满勇气。

话又说回来。

克丽桑丝美美也一样啊，她降生的头几年，也是被父母充分爱过的，可为什么当她在幼儿园被人嘲笑名字时，会那么受伤呢？——因为克丽桑丝美美的父母的爱与引导存在问题：他们反复灌输给孩子说“你是完美的”，根本就是胡说！导致小克丽桑丝美美初次接触社会（对于 5 岁的孩子来说，学校当然是她的社会）时，无法在客观评价自身的基础上形成自我认知、自我认同的，正是她的父母这种盲目的评价。

要知道，一个孩子被全然接纳，并不是因为“绝对完美”“完美无缺”，而是因为“你就是你，特别的你，独一无二的你”。

还是说我吧。

我从小就是个小不点儿，个子贼矮。

“这是遗传，像我。”妈妈说。

“女孩子，就应该小巧玲珑！我可不想让你长成个傻大个儿!”爸爸说。

“你要是长得又高又胖，我就不能让你骑大马了。”大哥说。我最喜欢骑在他脖子上，双手抓住他的耳朵或者头发，让他跑起来。

“你总站在第一排，这样多好，我一眼就能看见你。”小哥说。

你看，我一点儿也不完美。

但我的家人，爱的就是我的这份不完美！因为他们爱的，是我。

所以，我说，“其实，我是廷柯老师家的克丽桑丝美美。”

那个受人爱戴的廷柯老师（就像我的爸爸和妈妈）生下了一个小女孩，起名叫“克丽桑丝美美”。

克丽桑丝美美，Chrysanthemum，这是一朵花的名字，有 13 个字母，名牌上几乎写不下。

我的名字叫戴玮。哥哥们都姓“李”。“戴”是母亲的姓，写下来有 17 画。“玮”是一种玉名。

廷柯老师夫妇也许会对女儿说：“这是一朵花的名字——那是爸爸妈妈、爷爷奶奶、外公外婆最喜欢的花的名字。Chrysanthemum，有 13 个字母，别的孩子写自己的名字只能学会三五个字母，而你，学会写自己名字的那一天，已经差不多会写半个字母表了！简直是赢在了起跑线上。”

名牌上几乎写不下——考验写名牌的人，还能检测谁是近视眼。

这还是一个妈妈的学生的名字，她曾经闹着不上学——很多孩子说妈妈是个好教师，为他们的一生注入过能量。那个也叫克丽桑丝美美的孩子，做了妈妈的学生以后，走出了低谷，变得自信又坚强。妈妈鼓励、支持她的时候，你就在妈妈的肚子里，也参加了这个工作，是妈妈的伙伴和队友。你还没有出生，已经可以帮助妈妈、帮助他人。妈妈就是要告诉你：妈妈为你骄傲，你自带能量、无比美好。

我的父母告诉我说，“李”是中国三大姓之一，姓李的人多极了，普遍极了。“戴”虽然是“新安八大姓之一”，但姓戴的人远远少于姓李的。“我选择姓戴，支持人少的！”我自己大义凛然地说。

“而且，我们家，男的都姓李，女的都姓戴，也表示男女平等，他们三个是半边天，我们两个也是半边天。”妈妈说。我脑子里出现了一幅分大饼的画面：他们三个半个饼，我们两个半个饼，感觉赚了似的。

“戴”字写下来有 17 画——所以写出来好看！复杂的当然是更好的！

玮是玉石——就是宝玉！我是宝玉！

……

是的，你看，我的父母就是廷柯老师！

五、这件事是否与他人有关

比如，你曾跟我说过你们班小美的事。她是学校里的融合教育生，统考时不算分母的。班上经常有人会欺负她。你是同学，见证人，在场者，旁观者。

我曾经焦虑，是否应当建议你及时介入，主持正义，但又迅即警醒：这是圣母心，不可以将这个意识强加于孩子。你是否伸手管这件事，应由你内心的声音决定，而不是由我强行介入。

超人是命运选择的，不是父母培养的。

我也向你介绍过大名鼎鼎的公益组织：“反欺凌机车帮（Bikers Against Child Abuse）”，成员全是文身壮汉，骑着摩托车。当有孩子在校园里遭受欺凌时，他们会应声出现，给予受害孩子陪伴，抚慰他们的心灵。你欢呼说：“太帅了！太酷了！太棒了！真好！”

如果你真的觉得做这件事很酷、很帅、很棒，那么，我相信将来有一天，你也会去做。

最后，我想提醒你的是，读《我的名字克丽桑丝美美菊花》时，可能最应当警惕的问题，正隐藏在大家以为万事大吉的时刻：

当事人正手足无措、万分痛苦时，“青天大老爷”出现了！

一个好老师，轻描淡写就一扫阴霾，给了孩子一片没有风雨的天空。

孩子从哭哭啼啼瞬间变为飘飘然，甚至变身为欺凌者，开始嘲笑忘记台词的维多利亚了！

——这才真的可怕！！！

愿你获得免于恐惧的自由，我的孩子。

爱你的妈妈

那些你遇到的朋友，那些你正在感受的孤独

——给 com 小朋友的信

戚逍逍：15 年的高中历史教学，10 年的班主任，待过 4 所公办学校，第 16 年走出体制，成为民办教师。

亲爱的 com：

今天妈妈想跟你聊一下关于朋友的那些事。

1

昨天，你闷闷不乐地跟我说，不想和小泽做朋友了，“他老是叫我做些我不愿意做的事情，我不做他还打我”。

我记得前几天我们还讨论过你的这个朋友，同样的事出现过几次，你被“指使”去做一些恶作剧，比如亲亲女生，或者打一下别人就跑，结果，当然会有一些小朋友讨厌你，是的，你的老师也跟我说过这件事。

当时我说，如果小泽总是叫你做你不喜欢做的事情，他就不算是你的好朋友。

“我觉得你应该去找别的小朋友玩。”我说。

“唉，其实，我觉得那些事情也没什么特别不情愿的啦，只是为了好玩……”你开始喃喃地为好朋友辩护。

“那么，和好朋友比起来，你还是愿意去做一些自己不愿意做的事情的？”

“也不是……我会用一些别的办法，比如，拉人家手舔一下就跑……”

“那别人什么反应？有差别吗？”

“好像没有差别，别人还是很讨厌我。”

“那小泽呢，他对你这样做满意吗？”

“他看到我被别人追着打的时候蛮开心的。”

……

你和小泽友谊的小船就这么翻了吗？我持观望态度。经历过好几次我认为足以割袍断义的风波，你依然会问我能不能住在小泽家，和他玩。

那里是足够诱惑你的另一个世界：集齐新款的赛车模型，没有时间限制的电脑游戏……这些让你觉得做些勉强的事情还是值得的。

“这样的价值观很糟糕。”你的爸爸忧心忡忡。在他看来，你不懂得判断朋友的好坏。况且，因为诱惑而失去对自我的坚持，从大人们的视角来看，就算不做道德判断，好像也真的有点糟糕。

其实，受到利益诱惑是件很正常的事情。有时候，我觉得这只是未受约束和教化的本能。哪怕你能得到颇具规模的玩具和来自家庭成员的各种爱，但私欲来自天性且只有比较级没有最高级。

友谊当然和利益有关。在你认可的好朋友人选中，你的理由翻来覆去也就那么两个关键词：大方、助人。总之，你成为受益者，因获得而欢喜。

别人能不能成为你的好朋友，来自你对于得到的判断，而你能不能成为别人的好朋友，同样，来自别人对于得到的判断。

友谊教会你衡量得与失，你在失去的底线和得到的满足之间做出选择，玩具或金钱、受到的帮助、以后喜欢的女孩……物质和精神，都是利益。

有时候我不明白为什么要孜孜不倦地去要求小朋友分享，这并不需要刻意教育，如果想受欢迎，成为别人的好朋友，大方助人是很容易赢得他人好感的特质。你想要有更多朋友，自然会割舍；如果你更在乎自己所拥有的，宁可失去朋友也不愿意分享，这是你的价值选择。

付出和分享，是在交往中习得的；自己最在乎的到底是什么，也在交往中水落石出。

因获利而开始友谊，因平衡而维持友谊，肤浅但真实。从遵从天性的动物本能开始，然后走向克制天性的君子之交，需要漫长的过程。从你，到我，那是一代人的成长。

所以啊，这个年纪的你，并不是价值观很糟糕，恰恰只是还没有形成价值观罢了。你的每一次不满，正是模型和游戏的诱惑力在渐渐降低，你更在乎自己感受的表现。

所以我并没有过多纠结对你是穷养还是富养的问题，因为在以后的日子里，我们为你搭建的所有城堡，无论物质还是精神，总会在你认识世界的出走过程中，一一推倒，防不胜防。

就像 Inside Out（头脑特工队）那样，你有自己的家庭岛、友谊岛、小丑岛……你渐渐建立起自己的世界观和价值观。所以，当你爸爸忧心忡忡于小小少年的友谊时，我安抚他说，不要用大人的标准来评价小朋友的交往。成长中的孩子在每个年龄段的满足内容是不一样的，也就会根据不同的标准亲近或疏离他人，因此我们应当信任你的择友观。

孟母择邻而居，那是一个多么焦虑又充满控制欲的母亲啊。

2

你在洗澡的时候会一边唱着“谁是你的好朋友，BingBong ~ BingBong”，一边快乐地踩着水花。

我看着浴帘上那个四肢纤细、手舞足蹈的身影，隔着哗哗的水声问：“com 有自己的 BingBong 吗？”

“不记得了啊，也许有吧，我现在长大了，BingBong 就从小时候的记忆里消失了。”你的声音里听不出伤感，这个年纪的你，就是一只充满好奇心的野猴子，迅速喜爱，迅速遗忘。

我每一次看到 BingBong 渐渐消失，眼泪都会忍不住往下流，你会把我说的话还给我：“长大了，虽然失去一些幻想，但会得到更多别的东西。”

你不知道，我之所以泪点那么低，是因为我们总是理所当然地掌握着选择权，挽留或者舍弃都取决于己，未曾从 BingBong 的视角去想过：那些被遗忘在原地的记忆，是否如有生命一般，一直深信，一直怀念。那个唯物世界所排斥的绝对静止，就像这世界所有一厢情愿的感情。

同样的故事，发生在《玩具总动员》里，我们谁都想抱抱那只被遗忘的愤怒的草莓熊。记得在看完最后一集《玩具总动员》后，你摸着那些褪色的积木对我说：“妈妈，我觉得朋友应该是一起往前走的。”

是啊，只要一个人逗留在原地，友谊就渐渐成为回忆。长大的温蒂也飞不到永无乡，“她只能蜷缩在墙角，努力把自己成人的身体缩到最小，她向他挥挥手，说：‘go away，Peter pan；go way，Peter pan.’”温蒂忘记了飞翔，小飞侠不会长大，他们谁也理解不了谁。

所以，有些朋友随着岁月离去，就像 BingBong 那样，有些始终在你身边，这取决于你们渐渐长大后变成的模样，取决于核心岛与核心岛的交集。

据说，朋友之间最痛苦、最纠结的问题是：“我的好朋友做了件坏事情，我要不要告诉老师呢?”

其实这是一个伪命题。

你能坚定地觉得这一定是坏事情，那这也许并不是你真正的好朋友，或者，你不希望你的好朋友变成这样，那么，赶紧去告诉老师吧；如果你觉得这件坏事情其实没什么大不了，一点儿都不影响你对朋友的喜爱，那么，赶紧坚定地站到朋友身边，为他撑腰吧！

朋友啊，往往是那个做着你也喜欢做的事情的人。

就像你其实并不那么排斥小泽“指使”你做的恶作剧，只是不好意思承认你也喜欢罢了。

“小泽觉得这样很好玩，那你觉得好玩吗?”

“好像也有点好玩的。”

“我看有的时候你自己也会做些挺猥琐的事情，比如朝别人吐口水什么的……”

“唉，那只是有的时候罢了……”

拿朋友做挡箭牌可不是一件好事情，除非你们相互都在借用，比如，小泽对他妈妈说：“com 最讨厌了，他老是叫我跟他一起吐口水……”嗯，如果这样，祝你们的友谊天长地久。

如果你也喜欢那些吐口水亲小女生的恶作剧，那么，找到一个跟你有着同样爱好的朋友，两个人手拉手一起吐口水亲小女生，一起被追打，一起被告状……哇，我觉得真的太棒了！如果你觉得这是件糟糕的事情，那么，和你一样想法的就是你的朋友，你们会觉得恶作剧的小孩最讨厌，然后一起站出来伸张正义。

朋友，就是一个愿打，一个愿挨，高山流水遇知音。海绵宝宝和派大星大喊大叫着抓水母，章鱼哥关上门塞着耳朵拉小提琴，他不喜欢那两个神经兮兮的家伙。会有很多人惺惺相惜，也会有很多人两看相厌，但他们各自开心。

com，我和你谈的是朋友间的彼此认可，并非讨论事情的对错，价值观的判断是个太复杂的命题，需要慢慢谈。

对事对人的好恶和观点，这就是价值观，越长大，价值观对友谊的影响力越大，你渐渐会发现“物以类聚，人以群分”“道不同，不相为谋”，那些想法和你很不一样的人渐行渐远，而有些人会在某一个话题中和你心照不宣地一笑。这些，都是很自然的过程。

友伴的力量啊，远胜于那些自以为是的过来人经验。因为有时候，我们要的，并非多么明理的答案，不过是尽在不言中的“give me a hand”（帮助我）。

友谊的维护也是这样顺其自然的，但凡让你违心去袒护的，也许就是价值观的差异，彼此迁就一次两次还可以，最终还是分道扬镳。

3

不过，朋友之间并非只有默契，还会有一些你不怎么喜欢的情绪，比如：

“我觉得我现在不想跟小宣一起玩了。”有一次，你这么说起一个被你从朋友名单里剔除的小朋友。

“我觉得他不错啊，话说个不停，会和我交流，会把自己的想法说出来。”我并不忌讳在你面前赞美另一个小男孩，只要是中肯的评价，我相信你能理解这种比较，“com 你呢，有很多想法，但是也许是我和爸爸的问题，我们总是用一些你听不懂的话在交流，所以你的表达，不像别的小朋友那么顺畅，说话没有他们那么快。”

其实，我知道你现在有些讨厌小宣，是因为一种嫉妒的情绪，他做到了一些你做不到的事情，还常常把你想说却来不及说出来的话抢走。

你大概不知道，嫉妒往往源于认可，你觉得这样很好，而你却做不到，便有了嫉妒。

朋友之间会有嫉妒，这是一种很正常的情绪，想收获最多的掌声是一种本能，而为他人鼓掌需要修养和克制，后者比前者要难得多。

嫉妒，很少止步于羡慕，如果你还没有学会克制，也许会变得糟糕：如果你因为嫉妒而去做一些让好朋友倒霉的事情——这很有可能，人性的弱点并非不可原谅——也就意味着你会失去这个朋友。

失去朋友的原因有很多，说翻就翻的友谊小船是很脆弱的：居高临下的同情和仗势欺人有同样的效果，不平等的两个人不会成为朋友；一方永远在付出，一方永远在攫取，不平衡的两个人不会成为朋友；“己所不欲，勿施于人”，其实“己所欲”也“勿施于人”，再亲密的朋友也需要自己的空间和自我诉求……所以，除了价值观的分歧，友谊路上的暗礁此起彼伏，你渐渐会习得忍让和迁就，或者接受失去。

4

失去朋友，是不是一件可怕的事情呢？

你似乎已经在经历着这些。我曾和你的老师谈过关于你恶作剧的事情，我们在想：会不会这其实是你引起别人注意，以为能获得关注和友谊的一种方式？

这不无可能。

我记得你再小一些的时候，比现在更缺少朋友。

我们拒绝你看国产动画片以后——真糟糕，这又是关于价值观的复杂命题——你没有铠甲勇士的装备，不知道熊大熊二的梗，再加上滞后的语言和行动能力，你很少能融入小伙伴们的玩耍之中。在很多次同学的聚会活动中，我眼看着你左右找不到伴儿，一个人静静地坐在角落里。

再后来，我发现你在努力迎合他们的话题，扮着滑稽的样子，逗得大家哈哈大笑，然后一转身，依然只剩你一个人。你对我说："妈妈，我觉得孤独。"

想起你当时的表情，我的心真疼。

我想告诉你孤独也不是什么大不了的事情，但我更明白，在小小年纪的小小世界里，对友谊是多么渴望。

妈妈像你这么大的时候，我介绍一个好朋友和另一个好朋友认识，结果，她们俩成了好朋友，一起玩，一起说我的坏话，这件事让我难受得哭了很久。当时，外婆问我怎么了，我满腹委屈地说起这场"背叛"，外婆呢，则哈哈大笑，说我小心眼，还说，小孩子过家家似的，闹闹就过去了。

可是，我始终再也没有和那两个好朋友一起玩过，那个时候，没有人能够理解，一天之内失去两个好朋友对于一个 7 岁的小姑娘来说，意味着什么。

这个没有朋友的小姑娘，过年的时候偷了大人的钱去买了一堆贺卡，模仿各种笔迹，假装是很多很多 BingBong 送给自己的，其中还有那两个好朋友的名字。她一直没有被发现，也就一直这样孤独着，直到渐渐长大。

后来，妈妈教过一个学生，十六七岁的少年，言行有些小古怪，同学们不怎么喜欢他，他希望融入同伴们的话题中，但他大概不是很擅长与人相处，越渴望被理解，反而越不被理解。他小的时候妈妈就担心他和别人相处，希望他能少一些和别人不一样的想法。

你知道吗，那时，我想起了你，也想起了我。我对那位妈妈说，每个孩子都是不一样的，所以这个世界才是缤纷多彩的。在一个小群体里的孤独并不意味着特殊或者错误，也许在另外一个群体里，有很多很多和他一样的人。他的朋友，不在这里，也会在别的地方。或者，我们可以理解为，其实每个人都和别人不一样，你是这世界上独一无二的你。

你曾经因为害怕孤独而刻意寻找，努力克制自己和别人不一样的地方，自我检讨式地去隐忍讨好，去苦心经营所谓的“友谊”。但真正的友谊，难道不是“你这么古怪，我刚好也是”吗？孤独，是真正的友谊到来之前的等待。

5

你问过我，如果一个人最后一个朋友也没有，会怎样？

我回答你：“不会怎样啊，其实，每个人的内心深处，都是一个人的。”

穆时英有一段话：“每一个人，除非他是毫无感觉的人，在心底深处都蕴藏着一种寂寞感，一种没法排除的寂寞感。每一个人，都是部分地或是全部地不能被人家了解的，而且是精神地隔绝了的。每一个人都能感觉到这些。生活的苦味越是尝得多，感觉越是灵敏的人，那种寂寞就越加深深地钻到骨髓里。”

这段话，慰藉了彼时陷入人际障碍又故作孤傲的少女时代的妈妈。

com，在内心不够强大的时候，友谊还是孤独，简直是个生死存亡的困扰，奇怪的是，每个人回忆起自己的少年时代，都以为自己是被众人排斥的那一个，除了自己，别人都是抱团专门与自己作对，这些回忆里作为配角的怪兽们，在他们自己的回忆中，同样是孤军作战的。

可见，这种孤独感并不是唯一。

原来，我们一直被要求去学会怎么和人相处，却很少关注能不能和自己很好地相处。孤独并不是错误啊，有足够力量和勇气的人，才会像《玫瑰色的你》中唱的那样："走出千万人群独行，往柳暗花明山穷水尽去。"

在妈妈的读书生涯中，孤独的感觉占据了大部分时间，所以很难自信满满地和你谈起好朋友之间该做些什么，我大概更擅长分享如何在漫长的孤独里自得其乐的经验。

读书、写字、听歌、看电影，一个人走走停停，于喧嚣处慎独，于静谧处打开一个新世界，你若能感受旷野的自由，便不会妄论孤独。你所倚仗和渴望的，不再寄托给他人，而是去认识自己。

在患得患失的友谊中，总有一天，你会不惧孤独。

这些，以后我们慢慢谈。

爱你的妈妈

指望自己，别指望“夏洛”

般国雄：农村初中语文教师。从教13年，致力于创设自己的读写课程体系，课程实践被《人民教育》和《中国教师报》报道过。撰写的文章散见于《新京报》《中国教育报》《人民教育》等报刊。

亲爱的筱伊美妞：

老爸很早就想给你写封信，但就怕写得啰里啰唆，进一步摧毁我在你心目中没剩多少的高大伟岸形象。前些日子，一个蔡叔叔问老爸要不要写一份作业，题目是给你写一封信。我想想就答应了——拿到稿费，咱俩偷偷吃鸡翅喝可乐，不带你妈去，省得她在旁边唠叨“垃圾食品，不能吃”，顺带说一句，长大了，你要给老爸办张卡，千万不能让你妈知道。

不过，美好的未来不能只是向往，需要努力工作才能实现，我想和你聊聊“交往与朋友”这个事儿。

为什么需要朋友？

我们需要朋友，就像你爷爷腿脚好的时候需要麻将牌，虽然离了它也能过，但日子难熬，因为我们害怕孤独。我们高兴就找人分享，无聊就和人八卦，痛苦就依靠别人……

作为你亲爱的老爸，我愿意分担你的痛苦和悲伤。不过我很清楚，很多事情，你更愿意和朋友分享，而不是我和妈妈。朋友之间的分享与快乐，是我和妈妈无法给予你的。

所以，亲爱的筱伊美妞，找你的朋友吧。

无法让所有人喜欢我们

现在念二年级的你，不知道还记得多少幼儿园的事儿？

那时我们还住在乡下，幼儿园中班的暑假，我们一起去桥下的水果店买西瓜。老板娘一边给爸爸算账，一边瞅你：“这小女孩长得真漂亮。”老爸心里一阵狂喜，却又故意一脸平静：“还行，还行。”老板娘把脸转向老爸，一脸迷惑：“她长得像妈妈吧？”我亲爱的美妞，你老爸当时是多么难堪地幸福着。

过了没多久，你从幼儿园放学回来，告诉我们，班上有个小男生给你写了封情书。哈哈，你老爸当时得意坏了：以我的资质，有你这么个美妞，我要是不得意，简直天理难容。可这事儿没过多久，你又告诉我们，有个姓李的小朋友当着很多同学的面说你长得真难看。看你的委屈样儿，你妈顿时不乐意了：“就颜值而论，我们家妞儿不美，还有谁美？”我倒是还好：“有人觉得我们家妞儿美，有人觉得我们家妞儿不美，平均一下，长相起码中等，我觉得这样也不错。”

幼儿园的你，总希望和所有小朋友成为好朋友，每次看到别人不和你玩，你就流眼泪哭鼻子。你妈总是感叹：“性格太懦弱，一点也不独立。”我当时和你妈的想法一样。不过，现在想想，其实老爸也一样啊，希望自己被所有人友善地对待，成为所有人的朋友，甚至让他们崇拜。

但亲爱的筱伊同学，有人喜欢你，而有人却无法成为你的朋友，这是我们不得不接受的事实。我们无法被所有人接纳，无论我们多么友善和诚恳，学习和工作多么勤奋和卓越。

什么样的人才能成为朋友？

有次聊天，你说前桌朱同学威胁你，如果你不听她的话，就不和你玩了，还要让别人也不和你交朋友。我和妈妈问你怎么回应，你没有答复我们。我和你妈急了："筱伊同学，你应该说，不玩就不玩了，没什么大不了的。"你一脸沮丧，低下脑袋："可她真会告诉别人的，要是别人都听她的怎么办？再说了，我和她是好朋友。"对的，我们都害怕被人孤立，但就像妈妈告诉你的那样："如果所谓的好朋友老是威胁你，那么她根本就不是你的好朋友。"你不能因为害怕失去这份虚假的友情就顺从甚至讨好她。越是顺从和讨好，她就越会伤害甚至控制你。

亲爱的筱伊美妞，老爸严肃地和你说："千万不能想当然地认定现在的同学或者将来的同事就一定是我们的朋友。"朋友会让你觉得安全，会让你相信与他们相处一定轻松愉快。找到这样的人，你才能投入情感，和她成为朋友，就像你和吴雨桐那样——待在一块儿轻松愉快有话聊；愿意分享各自的秘密而不担心被别人知道；遇到麻烦，她会帮你；你们互相欣赏对方的优点也包容彼此的不足……

所以说，如果再遇到类似朱同学的事情，你应该大胆地说一句："不玩就不玩！"

朋友与拒绝

我亲爱的美妞，我和妈妈都觉得你是个温柔、乖巧的女孩。你姥姥说，你每次总会多带一颗红枣给你的同桌刘胖胖同学，也不知道刘胖胖吃了我们家多少颗红枣呢。可每次聊到同桌，你老说胖胖同学欺负你，上音乐课时用脚重重地踢你，讥笑你的数学成绩，还不许别人借铅笔给你……有次聊到这个话题，我问你是不是害怕刘胖胖同学，所以用红枣来讨好他，你有些生气地回复：“不是啦。”其实，现在想想，我们家妞儿好像一直都是这么乐意与人分享，老爸我不该想当然地认为是你懦弱。

我和你妈的想法一样，只要不是严重的人身伤害，我们不会介入你和小朋友之间的事情，有些问题必须靠你自己去解决。所以那次我给了你两个建议：要么忍着，要么反抗。你问我们怎么反抗，妈妈说把胖胖同学的铅笔盒扔了，摔坏了我们赔。我问你敢不敢，你抿着嘴傻笑。你听了我的意见，两只大眼睛忽闪忽闪，说：“下次音乐课，他要是再踢我，我就举手，和音乐老师说，虽然我很喜欢上音乐课，但因为某些原因让我不能好好上课，老师对不起。”老爸当时心里真高兴：这就是我的女儿，我的好女儿。我不仅高兴你有了反抗的想法，更喜欢你不把胖胖的名字告诉老师，不去借助老师的力量，愿意给胖胖一个机会。

这次聊天没过多久，你兴冲冲地回来告诉我们：“胖胖不让我借铅笔给同学，我把笔扔了。”我和你妈激动得互相挤眉弄眼——我们家美妞儿终于对胖胖同学硬气了一把。我赶忙加了一句：“你把胖胖的笔扔了，胖胖同学没什么反应吗？”你不好意思地笑笑：“不是啦，我是把我的笔扔了。”

亲爱的筱伊同学，我们喜欢你的温柔乖巧，但是我们不喜欢你懦弱。你终于懂得了拒绝和反抗，我和你妈都好开心。

不过筱伊美妞，有些人会以友情的名义，甚至以示弱的方式，要求别人顺从他们的要求。你一定、一定要记住，以友情要求别人屈从和胖胖同学那样的暴力恐吓，都是逼迫我们做自己不喜欢、不舒服的事情。除非你自己愿意，否则谁也不能强迫你屈从，面对这样的“友情”，你要有勇气去拒绝。

我们家妞儿，不是容易激动的人，哪怕和别人有分歧，也总是那么礼貌、和善。就像你自己说的，每个人都有自己的观点和想法，有争论很正常，但一定要保持礼貌与和善。老爸非常羡慕你这点，以后要向你学习。

你得成为自己的夏洛

你老说高同学数学好，长得又高又帅，班里很多女孩都喜欢他。听得出来，你对高同学印象很好。爸爸念书的时候一直喜欢成绩好、长得漂亮的女生，所以年轻那会儿，我主动给你妈写情书。老爸曾经的同事，一个非常漂亮的阿姨，也和爸爸聊过，她小时候就喜欢和那些长得好看的同学来往。看来，我们都喜欢那些长相好、成绩好的人。但是，老爸要提醒你，我们喜欢一个人，不能只因为长相和成绩。

我问过你，《夏洛的网》里的威尔伯最后为什么会被大家接受？你说是因为大家看了夏洛织出来的那些字，所以就觉得威尔伯了不起，很特别。现实中的大人和小孩也一样，觉得一个人好，往往依据那些外在的东西：长相、成绩、财富、职位……但夏洛就不一样，它不会因为威尔伯是一只春天的落脚猪，就认定它只能成为培根肉，它非常肯定地认为威尔伯是生命的奇迹，有着特别的精彩。

那些长得好看、成绩优秀又有钱的人，已经得到了别人的很多掌声，所以不见得很需要我们。而身边的大多数人都和老爸一样，长得不好看，成绩不够好，挣钱也不够多，我们这些普通人就像没有认识夏洛的威尔伯，非常渴望别人的关注和友情。所以，亲爱的筱伊，我非常希望你能和夏洛一样，不要只依据外在的标准去判断一个人，对那些并不出众的普通人要给予更多的倾听和理解，发现他们的精彩和卓越。就像夏洛觉得威尔伯是生命的奇迹那样，你也要相信，每个善良的人都有他的奇迹，等待你去发现。

老爸曾经问你，对威尔伯，老鼠坦普尔顿和夏洛有什么不同。你说老鼠为了吃才去帮助威尔伯，而夏洛不是，它可以为了威尔伯献出自己的生命。老爸和你一样，都很渴望有夏洛这样的朋友，但在现实生活里，我们遇见的常常是坦普尔顿和弗恩。坦普尔顿为了吃而帮助威尔伯，而慢慢长大的弗恩，也渐渐忘记了她曾经无比喜欢的威尔伯。就像前面说的那样，亲爱的筱伊，我们要接受坦普尔顿和弗恩，但不能要求他们像夏洛一样，为我们付出全部。

当你需要帮助时，别人可以拒绝，或者有条件地帮助你，在老爸看来，这些都很正常，因为你没法命令也不能强迫别人帮你——除非是爸爸妈妈，我们会义无反顾地帮助你。以后遇到像坦普尔顿这样的人，你可以生气，可以委屈，但一定要记住，他们没有责任为你做事。（这么想想，你现在是不是会爱老爸多一点？）

其实，更多的朋友还是像弗恩一样，小时候一起玩、一起吃、一块儿睡，慢慢长大，因为各种原因分开，大家再次碰到时，不再像从前那么好了，就像你和吴雨桐那样。亲爱的美妞，提到吴雨桐，你肯定很难过，老爸也一样。不过，这事儿谁也没办法，就像老爸年轻的时候也有两个非常好的朋友，后来我和他们念了不同的大学，又被你妈拐到江苏，就慢慢不联系了。不要担心，你以后还会交到更多的好朋友。

不要老惦记着分开的痛苦，可以和朋友们一起游戏斗嘴，聊哪个男生更帅；也可以发呆卖萌，让那些本来只有上学放学外加默写考试的时间变得有意思。所以你得珍惜和朋友在一起的一分一秒，抓紧时间，干点你们喜欢的事，抓鱼捞虾、唱歌八卦外加聊聊爸妈，该玩的没玩到，以后没事儿的时候回想起来，那才是最大的痛苦。

老爸很幸运，遇见了像夏洛这样的朋友。爸爸遇到麻烦、碰到难题时总会寻求他们的安慰和帮助，比如朱永平叔叔。所以啊，夏洛那样的朋友，不但可以分享八卦快乐，更多的时候，我们会把自己的痛苦、懦弱，还有种种麻烦都告诉他们，他们也一定愿意听你啰唆抱怨，给我们意见。要是我们哪里做得不好，他们也会批评教育。

但我们也不能因为夏洛那样的朋友愿意听我们分享，尤其是听自己的悲伤、痛苦，就指望他们替我们解决一切麻烦。这是不对的。真正的友情，不能只是索取而不付出；真正的朋友，一定会懂得为对方考虑。举两个你知道的例子：威尔伯为了带走夏洛的孩子，让坦普尔顿先吃自己的食物；《小王子》里的飞行员虽然不舍得小王子，但他尊重小王子回家的意愿，看着小王子死在自己的怀里；小王子知道飞行员会因为自己的离开而痛苦，临别的时候，他会告诉飞行员化解痛苦的方法。

就像夏洛离开威尔伯、小王子离开飞行员一样，再好的朋友都不能一直留在我们身边。所以亲爱的妞儿，很多时候，你可能会因为痛苦而流眼泪，但你必须面对问题，必须独自度过好朋友离开之后的漫长时光，独自去解决你所遇到的麻烦。

亲爱的妞儿，最后说一句，不管你遇到什么麻烦，我永远都会在你身边，因为我是你老爸，不是你的夏洛。

永远爱你的老爸

好好说话是件很重要的事

——给健哥的一封信

狄鹏：高中历史教师，华东师范大学教育硕士，樊阳公益人文讲坛助教，家有小学男生一个。

亲爱的健哥：

你好啊！

就在刚才，你在唱合唱团新教的歌，我又忍不住跟着你一起唱，还是一样唱得很难听。你给了我一个无奈的眼神，同时很温和地跟我说拍子不对，然后开始打着拍子一句一句地教我唱。跟得上拍子的时候你还会夸我“不错，有进步，再来”。

你一定看到我的笑了吧？知道我为什么笑得这么开心吗？你还记不记得，类似的事情如果在三年前发生，会是怎样的结果？你会嫌我唱得难听，会叫我不要唱了，如果我继续唱下去你就会发脾气……每当这样的事情发生，我们都要互相生闷气很久。什么时候开始改变的，你还记得吗？

其实，我自己也不记得了呢。只记得啊，我曾经很苦恼于你的没有耐心，脾气不好。乐高搭不好的时候你会把它扔掉，作业不会做的时候你会乱涂乱画，你要的东西我不答应买的时候你会生闷气，早上起床不舒服的时候你会看什么都不顺眼……而我呢，则最讨厌你乱发脾气的样子，每每见你如此，就会忍不住训你，如此往复。

不知道从哪一天起，也不记得是哪一件事，突然让我看到了你发脾气的样子和我训你的样子是那么的相似。于是，即使我再不想承认，都不得不面对你脾气不好的原因很大程度上在我。我该怎么说才能使你明白让一个妈妈真的接受孩子的问题是在自己身上这样一个事实是多么的难？

这么想着的时候，我不禁想到了外公外婆一贯对我的评价："这个丫头什么都好，就是脾气太差。"其实他们自己又何尝不是如此？那么这个问题就代代相传然后无解了吗？我能不能做点什么来改变一下呢？本来我想直接找你好好谈一谈这个话题，可转念一想，有些东西讲道理其实最没劲了，还是用实际行动来改变吧。

于是有了那个你犯起床气的早晨，先是嫌弃衣服不舒服，我就帮你换了一件；然后又嫌牙膏味道难闻，我就帮你换了你喜欢的口味；在你刷牙洗脸完毕之后，我还做了你最喜欢的事——帮你挠挠背。所以，等我们出门上学的时候，你的心情就很好了，你靠在我的身上，轻轻地说"妈妈你真好"。那个瞬间，我觉得特别美好。然后，我跟你模拟了以往我会怎么处理这样的事，说到兴起，两个人在路上演了一遍互相发脾气相看两厌的样子，然后哈哈大笑。于是我顺势跟你讨论起情绪管理这个话题，然后我们约定在对方脾气不好的时候可以做两件事：宽容、提醒。

就这样我们进入了约定的情绪管理试验期。面对比乐高难度更大的高达，碰到困难的时候你会跟自己说"不要着急，不要着急"；面对你经常忘了带作业回家这样的事，我也能温和地问清楚原因然后陪你去学校取作业。在写这封信的时候，我以"情绪"为关键词搜索我的朋友圈，竟然搜到了40多条记录，可见我是多么在意这件事啊。可是，岁月静好没有那么简单，情绪管理这事又怎么可能如此简单？想要去做一件事和真的能做到一件事真的有很大的不同，所以啊，我们还是会碰到很多的挑战。

那天去同学家做客，本来开开心心的事，结果因为一点点小事我俩又互相埋怨、生气了。其实我已经忘了那天到底发生了什么，但我依稀记得我们的对话：

“李行健，我发现每次只有我们两个人的时候，你的表现都让我完全满意，可为什么人一多，就不行了呢？”

“我也不知道。”还沉浸在刚才被我骂的郁闷中的你，这回答明显是在消极抵抗。

过了几分钟，我继续开口：“我觉得会出现这些问题有两个原因，我说你听，你看对不对？第一，是由于每次人一多你的表现就不够好。第二是我的心态变了。只有我们两个人的时候，哪怕你有一些表现不好的时候，我也能接受，不会特别生气。可一旦有别人在场，我就特别希望你表现好一点，以此来证明我把你教育得很好。这样，当你表现不好的时候，我的不满就会增加。对，就是这样的，是我的心态变差了。”

“嗯，对的，有别人在的时候你特别凶。”听我如此诚恳地剖析自己，你的情绪明显没有一开始那么对立了。

“那你能不能说说看为什么人多了你的表现就会差呢？”

“我想是因为我看见人多就开心，然后就比较兴奋吧。”

“比较兴奋？好像是这样，兴奋的时候好像是不容易控制自己。那你觉得下次碰到这种情况，妈妈怎么做比较好呢？”

这个时候你主动过来拉住我的手说：“你可以好好地提醒我啊，就是不要凶。”

“那我来还原一下这个过程：人一多，你就兴奋，然后就会有管不住自己的时候，妈妈觉得没面子就会骂你，挨骂了你心情不好，表现就会更差……这样发展下去，我们俩就都不开心。那问题到底是从哪里开始的呢？又该怎么解决呢？”

“我也不知道。”

“一步一步看，人一多你就兴奋，就容易管不住自己，这应该是很正常的事情，我应该理解你兴奋的心情，所以我应该把对你的要求稍微放低一点，应该好好提醒自己不能太生气。对吗？”

“对对对对！”

这么说着你的心情明显好多了。

“但妈妈也不是完美的妈妈，我也会有管不住自己情绪的时候。这样好不好？下次因为你的兴奋我生气的时候，你过来提醒我一下注意控制情绪，这样就好了。行吗？”

也许你都不记得这次对话了吧，可我为什么记得呢？在我心里，这才是我们两个在互相搀扶着学会情绪管理的过程中最重要的一步。这一步，不仅仅有我们想要好好约束自己的决心，还有对自己不可能一下子就做得很好的心理准备，还有我们相互对彼此即使做不到也体谅的那种理解与包容。

就这样我们一起面对了很多次的挑战，但至今我们都没有做到完全地控制好自己的情绪，欣慰的是我们都清楚地看到自己和对方的努力与进步，对吗？在你被高达零件折腾得几近崩溃的时候，面对我的打扰你可以平和地跟我说“妈妈你现在不要打扰我，我怕我会冲你发脾气”；当某个钢琴曲你老是弹不好的时候你会跟我说：“妈妈，你先不要站在我身边，我觉得需要你时再过来好吗？”……

而我，也有很大进步啊。当你写不出作文哼哼唧唧浑身不舒服的时候，我会抱抱你，带你出去兜一圈，然后陪你理一理思路再重新开始；当你没有按我们约定的时间完成作业的时候，当你在学校表现不佳被老师批评的时候，我会很耐心地听一听你的说法然后给出一个客观的判断……

说了这么多，我是不是该跟你说一说我为什么这么在意你的情绪管理了？我是一个高中班主任啊，每天要面对很多的高中生，也要面对很多高中生的家长，你知道我最难过的一点是什么吗？我最难过的不是他们成绩不够好，不爱学习，而是孩子和爸爸妈妈之间那种剑拔弩张的样子。真的，我听得最多的是他们对彼此的抱怨，孩子抱怨妈妈“不理解自己”，妈妈抱怨孩子“不够努力，不够争气”。在这种长期互相抱怨的环境下，他们都忘了该怎样好好地和对方相处，他们甚至忘了自己是爱着对方的。能好好地说话，能做自己情绪的主人真的是一个很高级的技能。很多大人都没办法做到这一点，因为它真的很难。

管理自己的情绪，其实就意味着承认自己做得不够好。大多数人的认知里面，出现矛盾、出现冲突的时候，总会下意识地归责于别人，去强调自己的委屈，可这样通常是解决不了问题的。我们慢慢修炼出来的心路轨迹是这样的：好吧，对方肯定是有一定问题的。可是我呢？我有问题吗？如果重新来一次，我可有更好的选择？我愿意选那个更好的选项吗？当你这样去想问题的时候，会有豁然开朗的感觉。

你有没有发现，这样想问题的方法就像是个魔法一样。当我们努力这样去做的时候，不仅仅我们之间的相处越来越轻松，甚至会觉得整个世界都变得美好了。你渐渐地长成了一个特别受欢迎的小孩，老师、同学都对你称赞有加。家里的弟弟妹妹也都特别喜欢跟你一起玩，因为你不计较，因为你在陪伴他们的时候总是那么温和。

就在这个暑假，你准备了很长时间的多米诺骨牌被弟弟轻轻一碰就全军覆没，你的第一反应是大叫一声。弟弟有点害怕地说：“对不起，我不是故意的。”你原地怔了 2 秒，然后就过去抱了抱弟弟说：“没事，我们重新来吧。”重新开始的时候，你跟弟弟说：“我们先搭一小段一小段的，这样就算不小心碰倒了也不会全部倒掉。等到每个小段好了，再把它们接上，你说好不好?”全程旁观的我，真的不知道该怎么表达我的感动，我就觉得真的很开心很骄傲有你这样一个儿子。

因为我是个晒娃狂魔，所以我们日常的很多互动都被我记录在了朋友圈。关于情绪管理这个主题，有成功也有失败，但不管结果如何都能看到我俩的努力和进步。这些年，我身边的一些朋友和学生都表达过对我们母子关系的羡慕，经常有人会说：“看着你和健哥的相处，我会觉得有个孩子也挺好的。”在我听来，这可真的是极高的赞赏啊。

而我自己呢，就像那场多米诺风波，事后想想，你抱着弟弟说“没事”的那个样子，应该就是我在之前若干次抱着你的样子，如果之前我都用责备来面对你的一些无心之错的话，你又岂会如此温和？其实我经常搞不清因与果，比如我永远分不清楚是因为我们温和了所以母子关系才和谐，还是因为我们母子关系很和谐所以自然就温和了。

我只知道，这些年来，我不仅可以做到温和地面对你，我也可以温和地面对学生，温和地面对他们犯下的一些过错。妈妈有一个很佩服但没有见过面的网友叫徐莉，她也是一个老师，一个很厉害的老师，写了一本书名叫《没有指责和羞辱的教育》。当我自己想通了之后，我才真的理解书名的意思，因为我在面对学生的时候真的能够做到没有指责和羞辱了。这个神奇的魔法依然存在，就是当你用不带羞辱和指责的语气去指出学生做得不够好的一些事情的时候，他们大多数是可以听进去的。于是，我既拥有了美好的母子关系，又达成了美好的师生关系，在这个过程里，你也是个大功臣哦。

很多人问我，希望你长成什么样子？其实我很想说，你已经长成了我希望的样子。

永远爱你的妈妈

和女儿聊聊“权利”

张伟：曾任中学教师，后供职于江西教育期刊社、成都新城快报社、广东新快报社。其教育观和媒体观深受已故著名教育人、前《读写月报·新教育》掌舵者李玉龙老师的影响。目前是自由职业者，关注各类新兴教育形态，受邀任广州悦谷学习社区客座顾问；关注古典自由主义与经济学原理，担任“一课经济学”经典课程讲解人；关注人本主义心理学，长期为公众号“深夜疗心”撰稿并解答心理困惑。

亲爱的、臭美的、古灵精怪的、快快乐乐的小妞妞：

见信好！

刚好，你在学习如何写信，于是，我来赶你的时髦，写一封信给你。

其实现在，写信这种事已经不多见了，人们想要互相联系实在是太方便了。想听声音，打个电话；想看文字，发个短信或者微信；想见人，就视频聊天；想抱抱爸爸，我就买票回家，让你抱个够、骑个够。

但是很遗憾，你现在在学校住宿，想要联系爸爸并不容易，因为学校不让带手机。我知道，这件事让你很恼火。

还有，上课的时候，有的老师不允许学生反对老师，也让你很恼火。

你从小就对大人们不让你做这个做那个很有意见。

你刚学会走路，还不会说话的时候，妈妈抱着你把门打开，你都要发脾气，非让妈妈把门关上，再自己开一遍，才能心满意足地答应进家门。

两三个月前，在外公家里，你的小表弟果果有些淘气，不吃饭不说，还非要玩你的玩具。我就跟他说，你要是不快点吃完饭，我就不让你玩姐姐的玩具。

果果还没说什么呢，你就大声跟我说："老爸你做得不对！你不是说我的玩具我想怎么支配就怎么支配，这是我的权利吗？你凭什么不让他玩我的玩具！让不让他玩，应该我说了算！"

你又把爸爸惊到了！我马上认错："是的是的，你说得对！爸爸不但说过这样的话，还专门写过文章讲为什么大人不能乱动小朋友的玩具。"你说："哼，你那个破作文我看过很多次啦。你要是说话算话，就还是好同学。"我说："是是是，懂得用爸爸的话来纠正爸爸错误的小妞，才是好妞。"

爸爸写的那篇文章，是给其他爸爸妈妈看的，用了很多你还没学过的字词。你虽然偷看过，恐怕也只是喜欢那个结论——大人应该让小朋友自由支配自己的东西。至于为什么，恐怕你还没有真正明白吧。今天爸爸给你写信，就认认真真告诉你到底为什么要自由支配自己的东西。不理解的地方，等爸爸回家，你再揪着我的耳朵问。

一、"权利"是什么意思？

要明白这个问题，我们先从英语讲起。现在我们很多的流行词都是从外国学来的。要是不懂得这个词本身是什么意思，就不容易搞明白它的真正意义。

1. "权利"在英语中的含义。

我们从你支配自己玩具的"权利"这个词谈起，它的英语单词是

right。对，就是兔子舞里面“left，left，right！go！go！go!”中的right，也是老师上课提问常用的right or wrong中的right。

这个词最基本的含义是“正确的，合适的，对的”，是一个形容词。这个你学过。然后，当它作名词的时候，就变成了“做正确事情的资格”的意思，而且含有“只要你做的事情是对的，那么你就可以去做，不需要经过别人的允许”。这就是你非常想要的“权利”。也就是说，在英语里，“正确的”和“做正确事情的资格”这两种意思，都可以用同一个单词“right”来表达。

但是，古代的汉语里面，并没有直接用来表示英文单词“right”的对应词语，于是，最早把相关的英语翻译成汉语的外国传教士就在中国古代的书里面找出“权利”两个字来特指上面说的第二种意思。

可惜的是，这些外国传教士对中国古代的语言文字并不是很精通。

2.“权利”在汉语中的含义。

那么，在汉语里面，“权利”这个词又是什么意思呢？

“权”最早是指一种树名，后来慢慢有了“秤砣”的意思。秤砣是用来称东西的，奶奶卖菜的时候就会用到，你见过的。所以，从这个意思出发，“权”字又生出“平衡，盘算”的意思，后来又用来指决定盘算结果的人或者力量。所以，在汉语里，“权”主要是指一种统治别人的资格或者能力。比如，如果老爸让你去做什么，你就必须去做什么，那么我就拥有了支配你的“权力”。不过，老爸不会这么干，因为老爸认为，这么做不“right”。

“利”字，左边是禾苗，右边是一把刀，合起来的意思就是用刀把禾苗割倒。暑假的时候，你从我们家窗户往外看，就会发现很多农民伯伯用镰刀将稻子割下来，这就是“利”。你学书法的时候就知道了，我们的汉字用了几千年，很多字的意思都会在时间的长河中发生变化，而且这种变化是可以追查出它的过程的。“利”字就朝两个方向发生了变化，一个方向是从“割”这个动作来变化的，比如笨爸爸切菜切到手，流了很多血，这就是因为菜刀很锋“利”。另一个方向是从“禾苗”的结果来变化的，禾苗被割倒后，就要晒谷子，然后把谷子碾成米，米可以煮饭吃，这是非常好的事情。所以，遇到对我们有好处的事情，人们就会说，这件事对我们非常有“利”。

所以，我们如果没有深入地学习过英语，就会很自然地把“权利”跟“有能力或资格去支配别人”以及“得到什么好处”联系起来，而不会想到我前面介绍的英语单词“right”中说到的意思。

如果你平常注意一下大人们使用“权利”遣词造句的时候，可能就会有这种感觉。举个例子来说，如果老师批评你，说你有什么“权利”在课堂上反驳老师的话，那么，老师很可能会认为是你没有“能力”或“资格”反驳他。

了解了“权利”这个词的来龙去脉之后，你就可以回答他：Because it is a right thing，I have the right to do that。因为它（反驳老师）是一件正确的事情，我有权利这么做。

二、两种反驳老师的办法

这里必须分清楚的是，并不是你的反驳一定得是对的，你才有“权利”反驳老师，而是说，即使你的反驳是错误的（因为总体上老师比你懂得多嘛），你提出反对意见这件事本身也是对的。

当然，我们反驳别人的时候，要尽量保证自己的意见是正确的，明知不对还反驳，就成了胡搅蛮缠了。你只能对爸爸胡搅蛮缠，跟别人（无论是老师，还是同学）胡搅蛮缠，别人可能就会笑话你。

所以，在很多情况下，对的事情看上去并不一定是好的事情，不是非得去做不可。而且，即使这件事本身是你的 right（权利），我们也要尽量用 right（正确）的方式去做。那怎么反驳才更容易正确呢？

1. 简单的办法：摆事实。

上课的时候，如果语文老师把一首唐诗的作者名字记错了，或者数学老师不小心在黑板上把 8 乘以 8 算成了 82，我们是可以用一定的标准来判断的。这个标准，就是事实和道理。

摆事实很简单。唐诗作者是谁，查查书上是怎么说的，谁对谁错一看就知道了；你吹牛说今天看完了两本书，妈妈拿书本考考你，也很快就清楚了。

2. 复杂但是很厉害的办法：讲道理（逻辑）。

讲道理复杂一点，在小朋友眼里，讲道理往往是指大人唠唠叨叨说小朋友应该怎么样怎么样，必须怎么样怎么样，讨厌死了。但是，爸爸这里说的讲道理可不是指这么招人烦的事情，而是指一种严格的证明方法。

这种严格的方法，在数学课上你会经常看到。比如，你只要掌握了加减乘除的四则运算法，那么不管多么复杂的数字关系，我们拿笔算一算，就可以得出准确答案，不用再像小时候学加减法时那样用掰手指或脚趾的方法来算。

这种严格的方法，在英语中叫作 logic，中文翻译过来叫逻辑，因为是按照英语的读音翻译过来的，所以不太会发生刚才说到的“权利”那样的误会。

3. 爸爸的错误示范。

四则运算法只是逻辑的一个非常小的应用，逻辑也不只是数学课上的算算算，我们生活中也常常能用得上，比如说：

爸爸跟妈妈关系好的时候，爸爸会跟她说，你长得这么好看，你说什么都是对的。但是，爸爸跟妈妈闹别扭的时候，爸爸又会说，你别以为你长得好看，说什么都是对的。

爸爸这个道理对不对呢？

第一句：你长得这么好看，你说什么都是对的。

如果长得好看的人说什么都是对的，那么她每次考试都应该是100分。你们班上长得好看的人，能不能每次都得100分？

第二句：别以为你长得好看，就说什么都是对的。

长得好看的人有时候是对的，有时候也会犯错。这个看法才是正确的。

而且，作为爸爸，高兴了就说，妈妈好看说什么都对；不高兴的时候就说，妈妈好看也不一定是对的。这种做法叫作“自相矛盾”。如果一个人自相矛盾，那么他就犯错了。

对，爸爸在这里犯错了。

为什么爸爸要做错误的事情呢？因为爸爸的目的不是为了要证明对错，而是为了强调妈妈长得好看，这样她就不容易生气了，就会对我好一点。

什么时候都一本正经讲道理，即使没有错，也会很让人讨厌，对不对？

反正呀，如果你不用爸爸教，自己能想明白这些事，那就恭喜妞妞宝，你已经学会了运用逻辑的方法来评价爸爸的观点，而且准确无误地分析出了对与错。

每个人天生都有运用“逻辑”的能力，但只有自觉地不断学习和运用这种能力，我们才能越来越熟练地依靠“逻辑”来判断各种观点、意见的对与错。爸爸长这么大了，还在学习呢。

三、“私事”应该由每个人自己来决定

那么，为什么爸爸会说反驳老师这件事是对的呢？什么事情才是对的，什么事情才是不对的？

很显然，我们会发现，在生活中很多事情是对还是错，并不像数学

题目那样，有一个或者几个标准的答案。比如，同样一款裙子，你喜欢紫色，蕊蕊（妞妞的好朋友）喜欢白色，这时候，我们会说这两种意见都可以，都是对的。我们这样说，并不是在评判紫色或者白色的好坏，也不是在评判这两种选择的优劣，而是在说，由每个人自己来做出选择，这件事情本身就是 right（正确）的，也是我们的 right（权利）。

对于这种没有标准答案的事情，怎么做是对，怎么做是错，从古代到现代，从中国到外国，大家一直都在争论不休。

近几百年来，关于那些没有标准答案的事情大家逐渐形成了这么一种观念——当一件事情属于某一个人的私事，对别人不会造成干扰的时候，只有这个人自己才有资格去决定它是对的还是错的。

最近，你跟妈妈去给人家配音，得了 80 元红包，妈妈把钱如数交给你，说让你自己保管和使用，那么这些钱怎么使用，就属于你的私事。

即使你拿这些钱去买不健康的零食，买乱七八糟的漫画，爸爸妈妈也不能干涉你，我们最多会施展“唠叨大法”来告诉你，做这些事情可能会有害，但也仅此而已。

自己劳动所得的成果，由自己决定怎么支配，这种事情，大人有一个专门的说法，叫作“所有权”。“所有权”中最最重要的是你自己。每一个人都拥有自己的身体，怎么想问题，怎么支配自己的身体——吃喝拉撒、念书写作业、唱歌跳舞等——都应该由每个人自己来决定。

所以，一个人自己拥有所有权的事情就是私事。对于私事该如何做决定，就是每一个人的权利。

四、公事及其解决办法

什么是公事？

并不是所有的东西以及任何情况下，人们都已经分清楚了所有权。比如，道路、天空、河流……这些就分不清楚。还有，我们刚才提到的课堂。

在家里，你自己的卧室里，你怎么坐、怎么躺、怎么说话都没有问题，但是到了课堂上就不行，因为课堂不是你一个人的。当然，课堂也不是老师的，课堂是老师工作、同学们一起学习的地方。

所以，课堂上我们应该怎么做，需要由老师和同学们一起来决定。这种无法分清楚所有权，需要大家一起决定的事情就是“公事”。那么对于公事，大人一般用什么办法来做决定呢？

解决公事的方法之一：民主。

在家里，我们也会遇到所有权不清楚的情况，需要大家一起来解决。比如，周末是去看电影还是去玩，有的时候，爸爸妈妈就会提议投票解决——这种办法就叫民主。

有一类事情，跟临时选择去看电影还是去游乐场不同，是一直都存在的，经常发生的，变化不大的。比如上课，无非就是听课、回答问题、课堂讨论、做练习……这几件事，所有的老师和同学每天都要重复很多次，而且一直都是这样的，爸爸妈妈念小学的时候也是这样，爷爷奶奶也是这样。

这种事情，用投票就不是很合适。你可以想想，每天上课上哪篇课文，投票吧；谁来回答问题，投票吧；今天做什么作业，投票吧……这样就会很搞笑，而且根本上不成课。

解决公事的办法之二：规则和传统。

那么大人是怎么来解决这种问题的呢？那就是制订一些大家都必须遵守的规则。

比如，上课不许说悄悄话，不能随便走动，不能打打闹闹，由老师来决定上课的内容和过程……这些规则你一定很熟悉。它们不是老师一拍脑袋就想出来的，而是几十年甚至几百年来，大家逐渐形成的一个习惯。

再举一个例子，在谁也说不清楚道路是属于哪一个人的情况下，我们都要出门走路，这个时候，就需要一整套交通规则，而不是站在路口大家来投票决定谁先走谁后走。这个交通规则，就是几千年来人们在大家共同拥有的道路上行走，逐渐摸索出来的一套习惯办法。目前你所接触到的以红绿灯为显著特点的交通规则，就是人们在发明汽车之后，逐渐形成的规则。

所以说，一般来讲，比较好的规则都不是哪个人说了算，而是经过很长时间的尝试才慢慢形成的。这种规则，大人们也有一个词，叫作传统。

民主也好，规则或者传统也好，它们都有一个特点，那就是只能决定公事，而不能决定私事。所以，如果有谁以民主或者传统为理由，要求你必须怎么使用零花钱或者在卧室里必须怎么做，你可以明确地告诉他，这是不正确的，他没有权利这样要求。

五、爸爸怎么看待课堂规则

爸爸以前也当过老师，爸爸当老师的时候，就对很多课堂规则有意见。

1. 不是什么规则都是好的。

比如，上课必须听老师的话，不允许反驳老师；迟到必须敬礼喊报告；发言必须举手和站立……我觉得都不是很妥当。

爸爸当然明白，之所以有这些规则，是因为很长时间人们一直是这么做的，但是我更愿意考虑的是，人们为什么要这么做？如果是为了让大家更好地学习，那么，如果这个目的达到了，我们是否还需要这种规则？

比如，每次上课都要班长喊“起立”，然后同学再喊“老师好”，然后再上课，这种规则我就觉得没有必要。爸爸上课的时候，都是先提醒一下还没准备好的，或者想睡觉的同学，然后直接上课。

比如，有同学迟到，就必须站在教室门口像士兵一样敬个礼，大喊一声“报告”，然后再进来。这显然会打断老师的思路并且吸引同学的注意力，只会干扰课堂，所以爸爸就废除了这个规则。

……

2. 分清两类不同的规则。

爸爸一般把规则分成两类：一类是不会影响其他同学的行为，一类是可能会影响其他同学的行为。

在爸爸上课的时候，不允许出现的只有上课打架、骚扰其他同学、制造噪音……这样明显让老师和其他同学没办法正常上课的少数几种情形。

而上课做小动作、看课外书……这些只影响自己，不影响其他同学的行为，我看到后会适当提醒一下，而不会去严厉批评。

相反，爸爸总是提醒自己，如果同学们老是说悄悄话、睡觉、看课外书……一定是因为老师讲得不够生动，让同学们厌烦了。所以我不断调整自己的教学方法，想办法去改变这种情况。

3. 改变规则需要注意什么？

当然，要改变这些规则，需要得到同学们的认可。而这一点，在一个教室里是很容易实现的——爸爸这么善解人意，我的办法肯定会得到绝大部分同学的欢迎。

如果同学们不同意我的改变，那我只能尊重他们，爸爸身为老师，只是为同学们服务的，所以在没有征得他们同意的前提下，我是没有权利去强制他们的。

六、课堂上反驳老师为什么是对的？

说到这里，我们就可以谈谈最开始提到的那种情况。为什么爸爸认为学生上课反驳老师是一件 right（正确）的事，是你的 right（权利）？

1. 老师有义务认真对待学生的反驳。

首先，我们念书，老师教书，目的都是一个：让我们可以学到更多的知识。为了学到更多的知识，心存疑问、刨根究底是一件很正常的事情。

其次，任何人都可能犯错，老师也不例外。爸爸也当过老师，爸爸也经常犯错，对不对？纠正错误，本身就是一件正确的事情。

再次，前面说过，老师是为学生服务的，当学生有疑问时，老师有义务认真对待并耐心解答，哪怕是反驳。

2. 如何正确实践反驳老师的权利？

我们也谈到过，课堂是一个公共的空间。所以，课堂上反驳老师，不能影响其他同学的正常学习。

比如，某个问题老师已经解答了好几遍，但你还是没听懂或者不同意，或者为了故意气老师，总是胡搅蛮缠问个不停，这就是你的不对了。老师为了其他同学的学习权利，可以制止你的这种行为。

所以，想在课堂上反驳老师，你要注意：第一，清晰简洁地提问或者表达自己的看法；第二，要运用摆事实、讲道理的方法来反驳；第三，要注意不能影响正常的课堂秩序，如果疑问没有当场解决，课后可以继续思考或者请教老师；第四，我们反驳老师，不是为了让老师下不来台，而是为了让自己学到正确的知识或者思维方法。

如果你能做到这四点，绝大部分老师都能够和颜悦色地认真回答你的疑问。当然，也可能会有意外，有些老师对同学的疑问或者反驳反应会很强烈。这个时候你要想一想，他们为什么会有这样的反应？如果你是老师，你会怎么做呢？

关于权利的事情，我们就先聊到这儿，下次我们再来谈谈：如果有了权利，我们可以在生活的方方面面怎么做？

懒爸爸

跟我的孩子谈谈二十四节气

吴合众：当过十几年七八线小城镇的一线教师，写过十几万字不痛不痒的教育文章。民间阅读机构“半书房”的联合发起人之一。

孩子：

时间流逝，你转眼就 13 岁了。十几年的光阴流转，于你而言，一年年，从幼儿园到小学，再到小学毕业，每个历程都镌刻在你的生命之尺上。那过去的每个年份，仿佛一个个刻度，或清晰，或模糊，告诉着你成长正在一步步到来。

这些流逝的时间，我们能够拿什么来记忆呢?

你一定想到了床头上嘀嗒作响的闹钟，家里电冰箱、微波炉、抽油烟机上面到处都有的时钟，跳动的数字，手机里模拟手表的指针，当然你还会想到学校钟楼上硕大的钟摆，每到整点发出隆隆的响声。

是的，这些，就是我们今天记录时间的最好工具。我们通过钟表，将一天精细地划分为 24 个小时，1440 分钟，86400 秒。每一个瞬间的变化，都是电子显示屏或者秒表的一次跳动，仿佛一声声心跳，形象又深刻地彰显着时间流逝的不可追回。

但在古代，人们抬头寻找时间变化的痕迹，远不如我们今天这么明晰、准确。

那个时候，人们能够明显看到时间变化的是三种周期。太阳东升西落，这是一天；月亮阴晴圆缺，这是一月；四季寒暑交替，这是一年。为了能够尽量准确地对应一年的时间变化，古代的劳动人民很聪明地将太阳一年的周期运动划分为24个时段，这就是“二十四节气”的由来。当时的黄河流域、淮河流域的先民们，依靠着二十四节气，指导着自己一年的农业生产。

2016年11月30日，联合国教科文组织正式通过决议，将中国申报的“二十四节气”列入《人类非物质文化遗产代表作名录》。二十四节气申遗成功，这个属于乡土中国特有的计时方式，突然以一种等待拯救的遗产方式，回到了人们的视野之中。

二十四节气有哪些？你语文课本里那段朗朗上口的顺口溜，就写得清清楚楚：

春雨惊春清谷天，夏满芒夏暑相连。

秋处露秋寒霜降，冬雪雪冬小大寒。

二十四节气具体包括立春、雨水、惊蛰、春分、清明、谷雨、立夏、小满、芒种、夏至、小暑、大暑、立秋、处暑、白露、秋分、寒露、霜降、立冬、小雪、大雪、冬至、小寒、大寒。在国际气象界，这一时间认知体系可是被誉为“中国的第五大发明”的哦。

今天，二十四节气似乎离我们的生活越来越遥远了。这些诞生在农耕时代的文明，脱离了土地、田野、耕种、气候，在城市的高楼大厦、璀璨灯火中，跟古老中国的很多文明一样，都面临着消逝的危险。至少，你们这些孩子，是完全没有真切的感知了。

但是，在爸爸小的时候，在我们老家，二十四节气跟人们的生活还是息息相关的，虽然我们江南地区的气候变化远不如北方明显，但农业耕种大体一致。更为重要的是，各个节气前后，大自然所馈赠给我们的礼物，所给予我们的乐趣，都是独一无二的。

今天，老爸就给你讲几个属于我们那一代的二十四节气的故事。

先说说惊蛰吧。过了惊蛰，乡村就从一场休眠中醒来了。古人将惊蛰分为三候，“一候桃始华，二候仓庚鸣，三候鹰化为鸠”。在春阳之下，各色花鸟虫鱼、飞禽走兽，各种莺莺燕燕、柳绿花红慢慢地开始给乡村谱上声色。30 多年前的这个时候，我们这些孩子终于可以从青黄不接的馋嘴中解救出来，可以好好饱饱口福了。吃什么呢？我们根据那些来路不明的口耳相传，开启了全新的食物谱系。

三四月间，村前村后的竹笋开始疯长。各片竹笋地都有归属的人家，有些人家还指望着竹笋长成竹子贴补家用呢，因此我们不敢有挖食竹笋的念头。这时，竹笋身上常常会攀爬着一种昆虫。那是一种赤褐色的昆虫，头上有一根长长的黑色管子，仿佛大象的鼻子一般自由转动着，头管两边还长着两个触角。前足也很长，带有小刺，整只足有点像小小的镰刀。那时候，我们不知道这种昆虫的学名叫竹象，我们一直都唤它作笋蟹。我们在竹笋下摇晃，笋蟹一开始呆呆地站着，继而终于“啪”的一声掉了下来。我们伸手捉住，用纺线系住，于是笋蟹就被我们牵住飞，那种乐趣颇似今天的遛狗遛猫什么的。看它们带着长线飞起来，然后又被我们拽下来，真是乐趣十足。玩够之后，小伙伴们聚在一起，用笋衣烧上一堆旺旺的火，把笋蟹放火里一烤，扒拉出来，去头去足，一股香味便扑鼻而来，入口香嫩，颇有入秋大闸蟹的味道。也许这就是我们呼之为笋蟹的原因吧。

一部分竹笋被大人挖了吃尽，还有一部分竹笋慢慢长高，笋衣也逐渐剥落，慢慢近乎竹子。笋蟹也终于没了。嘴馋又胆大的孩子漫山遍野地寻找，终于发现另一种美食正在滋长，那就是蜂巢里的蜜蜂幼虫。在三四米高的松树枝杈间，常常可以撞见野蜂蜂巢，不是那种马蜂窝似的乱糟糟的一整团，而是灰褐色的仿佛一个葵花盘，规整大气。撕开外边纸一般的膜，基本就可以看见里头蜜蜂的幼虫。有的孩子会整个扯下蜂巢，一路拿回家当葵花子一般吃上半天。但生吃这样的“葵花盘”，还是很需要一些胆量的。探头往撕开的蜂巢看去，一条条肉色的幼虫整齐地码在格子间。看着那些蠢蠢欲动的虫子，我是绝不敢像小伙伴那般一口一只，吃得津津有味的。吃这样的零食也还得冒一些风险，一是采摘时如果撤退不及时容易遭遇蜂群；二是当你派头十足地往嘴里扔的时候，常常会误扔进一只快成蜜蜂的半成品，毛毛的，那感觉该是跟吃葵花子吃到霉烂的一般，很是倒胃口。

和蜜蜂幼虫差不多一样考验人的胆量的，还有一种长在木头中间的肉虫子。清晨时分，大人们从村口的古井里挑来一桶一桶的水倒满水缸，然后开始在庭院里劈柴。他们用斧子将那种已经被锯成一截截半米来长的一人合抱的松木劈成一片片的柴。偶尔，就会发现那些被我们称作松虫的，白白胖胖的，有两排黑色的脚的小虫子，整个蜷缩在淡黄色的松木中间。我们就用小枝杈将它们挑出来。胆大的孩子能淡定入口，还说味道和蜜蜂幼虫差不多，而且因为带着松木的清香，所以更加清淡甘甜。胆小的孩子，顶多抓那么一条，放灶火里一烤，等到烤得金黄焦嫩，看不出虫子的形状，才匆匆往嘴里一扔，不过吃起来也很解馋。

至于烤知了、蜻蜓之类的，我们仅仅是听说，并没有亲试过。蜻蜓赤手空拳不容易捉到。知了，则因为壳可以换钱，有着比解馋更吸引我们这些孩子的地方。

怎么样，这样的乐趣你是不是很想拥有？不过，我们在相应的节气里也是要干活的。比如芒种，“五月节，谓有芒之种谷可稼种矣”。芒种前后，正是春耕时节，记忆里，这样的日子最大的感受是劳累和疲惫。

最先需要操心的农活，就是分秧。你以后会读到陆游的诗：“陂塘处处分秧遍，村落家家煮茧忙。”写的就有分秧的事。稻种先是播在秧田之中，之前的撒种和拾掇，细腻并且需要技术，并不需要我们这些小孩子插手。而犁地也是技术活，由牛和家里的壮劳力一起完成，我们可做的就是等牛回来，好好地喂一些青草就行了。分秧却很需要我们。稻种成苗后，就要分拨出来，然后紧接着就是插秧。各种忙活，就开始铺天盖地而来了。

正是梅雨时节，田里都是明晃晃的水，赤着脚挽起裤腿踩进去，水慢慢就淹没脚掌，淹没脚脖子，还是带有晚春的寒意的。穿着蓑衣，戴着斗笠，雨水依旧能够细细地钻到身上，也有一样的寒意。在寒意里头弯着腰，把秧苗一一拔起，大概一握大小，就拿稻草扎起来，扔在田头。慢慢地，田里的绿意就集中于陇上，水汪汪的水田，全是一脚脚踩出的小塘。塘底一些游丝般的泥水，在不断激起的水花间荡漾着，最后终于又都伏了下去。抬头看看，到处都是分秧结束的水田，在如烟的细雨里头，仿佛一面面镜子，倒映着云，倒映着山，倒映着偶尔几棵树，倒映着陇上匆忙的几个农人。

也有孩子带着小方凳到田里分秧的，坐在秧苗中间，很快就要移动一下位置，这当头，要极力去拔陷在泥水中的凳子，最后弄得人仰马翻，也是一种不大不小的乐趣。因为坐着就更容易被水淋湿，我一般都不带凳子过去。我就那么弯着腰，极力让自己被淋湿的速度慢些再慢些。待最后一站起来，水从两个裤腿汩汩而下的时候，分秧也就差不多结束了。

秧苗由大人从秧田挑到插秧的田里，照例总有一段距离。吃了午饭，我们也就出发赶过去。水田里每隔一段距离，已经抛着一扎秧苗。熟练的农人，可以准确地分割好秧苗的距离。只要你一路插下去，手上的秧苗插完了，一抬手，刚好手边就会有续接的一扎。插秧照例是倒退着进行，将三四株秧苗分出来，随意地往被犁铧分过、被水浸泡得松软的土里头一插，只要不被水泡浮起来，大体就会存活下来。偶尔抬头看看眼前插好的几行秧苗，那种歪斜状如过路的蚂蚁一般，总是羞愧得不敢和旁边的叔伯们插得横平竖直的秧苗比较。路过田头的农人，也常常会停下来，善意地嘲笑几句，以此打发漫长而劳苦的春耕时节。

三两天之后，秧苗终于陆续插好。在水里泡了几天，手大体都得脱一层皮，提笔翻书，不免钻心地疼。好在芒种大体就过去了。雨，还是有一阵没一阵地下着。我们的春耕，还有最后一项活儿，那就是除草。趁着雨季尚未结束，杂草尚未长成，下到田里，顺着秧苗中间的每一排过道一路扒拉下来，有时候也就把水搅浑，自己过意得去就行了。如此，春耕就结束了。秧苗长在田里，还有很长一段时间才慢慢结穗，才慢慢浆粒饱满，才慢慢发黄，老得弯下腰。那个时候，夏收，提起来就汗流浃背的农忙才会到来。而这对我们而言，和未来一样遥远，一样不需要费劲去多想。我们有近两个月的富裕的农闲时间，搂草放牛，摘瓜偷豆，安静的村庄在此之后会有一个喧闹的属于孩子的时节。当然，这些以后有机会爸爸再跟你细说。

大寒，这是一年的最后一个节气。周而复始的乡村生活，在这个节点，盘点张罗，刀枪入库马放南山，是万物收藏的时候了。

天气晴好的日子，家家户户便张罗着将谷仓中的稻谷挑出来晒。庭院里一大早就铺上硕大的晒垫。一筐筐的稻子倒在晒垫上，就是一堆堆金灿灿的小山。太阳一露面，用竹耙将稻谷推翻，一层层犁开，稻谷翻滚着散开，仿佛雨天用脚在水田踩过，一朵朵的花朵竞相绽放。大抵晒上那么一两天，稻谷就可以入仓，挑起来收回谷仓。

和晒稻谷的相对轻松不同，这个时候，那些收入谷仓的番薯丝，则要坑人得多。

番薯在地里经了霜冻，味道上佳。但对于我们而言，在冬日傍晚把番薯从地里刨出来，然后一筐筐挑到村口的晒场堆好，两个肩膀被扁担压出一道道勒痕，十几天都碰不得，委实是苦不堪言。番薯倒出来之后，照例要掰去残留的藤蔓，冰冷的汁液粘得满手都是，回家怎么洗也洗不干净，最后凝成黑色的污渍，粘在皮肤上得四五天才能洗干净。对我们而言，这也是苦不堪言的。更为痛苦的则是，第二天一早起来，我们几个孩子还得哆哆嗦嗦地挑着水桶去井台打水。那时候，四野一片静谧，田里的土被霜冻得似开锋的刀刃，白花花的，在晨光中寒气四溢，看一眼就让人竖起一身的寒毛。我们挑着满满的水，摇摇晃晃从刀刃中穿过，将水挑到晒场倒进大水盆里。水挑满后，搬起番薯倒进水盆，在冰冷的井水中把这些沾满泥疙瘩的番薯洗干净，每个人的手都搓洗得像紫色的生姜。待太阳升起一杆高，田野中蒸腾起温润的水汽，我们则可以收工回家了。身后，是忙着刨番薯丝的长辈和逐渐复苏的大地。

番薯丝经过十几日冬日阳光的照耀，慢慢从新生儿肌肤似的雪白变得凝重，最后跟老人们的肤色一样，失去光泽，成了凝固的灰褐色。从远处看，一席席晒在竹垫上的番薯丝整齐地码在村口，沉默不语，气势磅礴，仿佛是千千万万个番薯的精灵睁着眼睛看着你，让人胃里直泛酸。

番薯丝倒入谷仓也并不容易。那时候家家户户的谷仓大抵是用木板隔成。旧家的二楼一角，四四方方一个，差不多顶到横梁。里头分成两格，一格放稻谷，一格就放番薯丝。仓门也是木板，不过可以拆卸。随着番薯丝的升高，仓门也逐渐升高，要倒入一筐，得用力举起，用上吃奶的力气，才算勉强完工。那手，是要酸痛好几天的。

五谷入仓，照例开始宰鸡杀鸭。乡下孩子，一方面对朝夕相伴的鸡鸭不舍，另一方面又很是嘴馋，最终会自我安慰，对大屠杀熟视无睹。鸡鸭在灶台上用烧焦的大米熏过，然后在阳光下暴晒，很快就黑黝黝地冒着油脂，闻一下，一股浓烈的肉香伴随着一股微焦的米香扑鼻而来。这些熏好的鸡鸭都用绳子系起，用钉子钉在一楼的横梁上。不久，再加入做好的腊肉，走进家家户户，仿佛进入年货展览馆。

仓廪实而老鼠肥。这个时候开始，家里的老鼠四处出没，也开始了跟我们斗智斗勇的一段日子。

最猖獗的就是谷仓旁的老鼠。入夜之后，我们睡得正迷糊，“咚”

的一声，老鼠出场了。先是有一只老鼠蹑手蹑脚地查探，发现四周没什么动静，其他老鼠就集体出动，唰啦啦从楼板上跑过。然后，你就会听见抓仓门的声音，啃木板的声音，挠楼板的声音，吱吱声不断。等你猛地一拉灯绳——那时候在乡下，电灯开关就是灯绳，也是你所不曾见过的——在灯光亮起的一刹那，眼前又什么都没有了。过不了几天，就可以看到楼板上总会有番薯丝或者谷粒出现，查看谷仓又看不出端倪，无奈之下，家里便开始养猫。

猫的出现，对老鼠而言是致命的。夜深吱吱声响起的时候，睁开眼看去，床头的某处会出现一对荧荧的幽光，唰的一下，便听见谷仓旁老鼠的惨叫，然后是四散开的沙沙声，最后归于寂静。第二天，在楼梯上或者墙角，往往可以看到被吃剩的老鼠的尾巴。有一次，大人扫地的时候，甚至发现了一截老鼠肠子，真是比较恐怖的事情。

这样说起来，你是不是对二十四节气所标识的生活很感兴趣了呢？是的，那是一些精彩的时日，仿佛《纳尼亚传奇》里的魔衣橱，仿佛《哈利·波特》里的 $9\frac{3}{4}$ 车站，进去就是一个光怪陆离的世界。那些日子里不仅有欢乐，也有永不再来的童年时光。怀念它，也是在怀念消逝的旧日光阴吧。

当然，一代人有一代人的乐趣。对于你跟你们这一代的孩子而言，知道二十四节气，知道那些乡土中国发生的故事，也许更多的就是了解我们有着怎样的一个传统，在今天我们又处在怎样一个空间吧。在时空之间，也许人类才有了思考和想象的能力。

爱你的爸爸

阅读使人内心强大

田国宝：悦读馆创始人，致力于家庭教育文化建设与青少年阅读成长服务，目前从事青少年阅读推广和自媒体工作。

亲爱的润泽：

再过几天，就是你满8周岁的生日了，满心欢喜，生命有你！

猛然之间，我也40岁了。我总是不愿意记起自己的年龄，因为我出生在农历的“鬼节”，平时是不过生日的。正因为如此，我总感觉自己才25岁。可是今天想起，我的儿子都满8岁了，我也应该是40岁的男人了，于是内心略有些许莫名的忧伤与恐惧。这，也许就是所谓的中年危机吧！可是，生活中，我充满活力，年轻、自信，有无穷的干劲，虽然也会鲁莽、冲动、不够成熟，但展现在你面前的我，是一个真实的我。

前几天晚上，我回家路过华强北的顺电，买回来一个2680元的紫砂杯。你说我们家怎么可以放如此贵的杯子，合适吗？我们还住在深圳的城中村啊！孩子，面对你的理性反驳，我一时无话可说。但我只想告诉你，不是紫砂杯太贵，而是我们挣的钱太少。住在深圳的城中村，每天用2680元一个的杯子喝茶，这不仅仅是为了满足虚荣心，更是为了激励自己面对现实，努力创造更好的生活。

今天，我其实想和你聊聊关于阅读的话题，我想和你谈的是——当你的同学家境比你优越，还比你更努力、更用心时，你该怎么办？

我们追求人生而平等，是指在法律意义上的平等，然而，现实生活中，人，处处都是不平等的。

但我们的生命，却会因阅读而美好！

孩子，我要求你用功读书，不是让你跟别人比成绩，而是希望你将来拥有选择的权利，选择有意义的工作，而不是被迫谋生。当你的工作在你心中有意义时，你就会有成就感，就会有尊严。成就感和尊严，将带给你快乐，同时也让你感受到生活的美好！

读书能让人博学深刻，但博学深刻却未必一定能让灵魂丰盈。因为真正丰盈的灵魂自身会有一个泉眼，会涌出爱，一种广博的爱，爱山川万物，爱草在春风里摇动的样子，爱照射在树叶上的阳光，爱做一件可以给他人带来快乐的事……丰盈的灵魂敢于面对黑暗和自身生命的孤独和空寂，能源源不断地发现生活和生命中的美和意义。有着这样灵魂的人，即使陷入最深的黑暗，也能够找到光，找到生命之光！

孩子，我们不能整天在抱怨中度日，在无奈中彷徨，我们应该找到一条自救之路，而阅读，能让我们变得内心强大，从而能应对瞬息万变的现实社会。一个内心强大的人，是一个具有独立思考能力的人，有着清晰的逻辑判断能力和坚定的契约精神，在人生的任何情况下，都不会迷失自我，都能够找到自己的生命之光。

所以说，阅读，就是发现自我，认识自我，让自我觉醒，让自己的生命发光，减少对世间的偏见，让光照耀到黑暗的地方，让希望铺满大地……

作为一名教师，我每天都在思考如何讲一些使学生有所获益的内容，希望他们在有限的时间里获得更多的成长体验。让时间的效益最大化，让学生珍视生命的成长，并且在成长之路上能够开启自己的人生视野，让学习成为快乐而又有意义的事，让阅读成为美好而又幸福的事，这是我一直努力追求的。

人唯一不能舍弃的爱好就是读书，读书能让自己的灵魂不断修行。开启民智、培育精英、启迪智慧、培育公民、点亮阅读智慧、开启幸福人生，这是爸爸设立“悦读馆”的初衷。事实上，这么多年来，我也是一直坚持这么做的。自从爸爸离开体制独立创业，我就一直在思考人的视野是如何决定人的格局的，也常常在反思自身的局限性。

创业以来，我遇到了太多的有钱人，他们的财富是普通人难以想象的，同时也大大地开拓了我的视野，让我明白了生存之艰辛、生活之不易，每个人都有自己的痛苦与快乐。所以，我焦虑的是，当你的同龄人比你起点高，同时比你更加努力，你将怎样规划自己的人生?

坦白说，因为爱你，我才会这么焦虑。但我内心并不恐惧，因为我始终在为你，也为我们寻找出路。这段时间，我们都很喜欢看《欢乐颂》这部电视连续剧，如果从社会阶层的角度来观看和思考这部电视剧，我们会有很多发现。当社会阶层越来越固化的时候，个体想要改变自己的命运，或者改变家族的命运，是多么艰辛、多么无力！这也是我偶尔会在你拖沓的时候吼你的原因。在万般无奈之下，我变得安静了，你变得迅速了。

说真的，我也不想这样说，但我们每个人都要面对真实的生活。只有敢于面对真实的自己，才能真诚地去爱他人。我说过，我不恐惧，因为我们可以通过阅读来拓展自己的视野，从而更好地把控我们的人生格局。人的视野决定了人的格局，阅读能够帮助我们战胜恐惧，构建生命的自信，从容面对现实。

亲爱的孩子，世界那么大，世界也那么美好，你要有能力去看看，才不辜负生命的馈赠。这个能力，就是你的人生格局。生命是无价的，可是生命却又是有限的，所以你要思考时间成本的投入与产出。也许，一个人面对时间的态度，也正是他面对生命的态度。不要让无聊的岁月湮没自己的人生，要追寻生命的意义，过有意义的人生。因此，我们需要阅读，需要通过博览群书以自救，让自己的人生格局变得更为开阔。

人生最好的境界是丰富的安静。安静是因为摆脱了外界虚名浮利的诱惑，丰富是因为拥有了内在精神的宝藏。这种境界的实现是要以生命的独立形式存在，才能够得到满足的。所以，爸爸确立的教育理念就是：教育就是让人的生命走向独立，走向丰富。

所谓独立，包含人的经济独立和人的思想独立。只有经济独立，人格才能挺立。再远大的理想与抱负，也不能离开生活。对于生命来说，生存是第一要紧的事。所有的理想，都必须建立在现实的基础之上。

正因为我们需要独立，所以我们不能只记住前人的知识，我们还要思考。读书不是为了积累知识，而是用来撞击，也就是用别人的思想来碰撞我们的思想，从而激发与帮助我们思考。严格说来，一个人只有感到困惑的时候，才需要去阅读，因为这种阅读比较有效果。我以为，读书有如核爆炸，将点燃我们的思想智慧。学会批判对阅读来说很有必要，尽信书则不如无书，这是阅读的基本原则。

比阅读方法更为重要的，是读什么书。选择读什么，直接决定了你阅读的视野，决定了你阅读的深度与广度。在我们不足 60 平方米的家里，摆放了 14 个书架，上面满满的都是书，以书为墙，正是为了给你，也给我，以更多的选择。让家变成图书馆的模样，能够让我们有足够多的选择，也有足够多的自由。

能够做到选择自由，本身就是一个人内心强大的标志。你强，你就有更多选择的自由；你弱，你所面对的就是别无选择！面对美好的生命，我们只有通过不断的阅读，才能让自己的内心变得强大，使自己足以面对瞬息变化的现实生活。孩子，我们一起努力吧，去真正享受生命之乐！

永远爱你的父亲

衣服重要还是穿衣服的人重要

——和小鹿子谈明星、名人

吴文冰：两个孩子的母亲。曾为教育报刊媒体人，后在成都华德福学校任教。现创办玄鸟书屋，探索混龄自主教育，践行对自闭症儿童的心灵护佑。

我的宝贝小鹿子：

那天你安静而小心地靠在妈妈的肩膀，小嘴凑到妈妈的耳边，声音里带着忐忑又有点自豪，轻声问："妈妈，我们班泽语说爸爸是明星，是真的吗？"

这已经是你第二次这样问妈妈了。

第一次是你在独自玩耍中忽然想起，抬起头来问妈妈："爸爸是明星吗？"说实话妈妈当时心里咯噔紧张了一下，不确定你究竟听到了什么，没有立即回答你的问题，而是小心地观察你的神情。你的眼里带着困惑补充说："泽语说，他在电视上看见过爸爸。"你似乎并不需要妈妈的答案，过了一小会儿你问："妈妈，什么是明星？"

我说："某一个人在某些方面比较特别，就像天上明亮的星星一样被比较多的人认识。"

"可是爸爸会是这样的明星吗？"你的眼里带着困惑。你隐隐约约地知道爸爸偶尔会上电视，偶尔在一些杂志上能看到爸爸的照片，当然爸爸也出版了自己的书，或许这就算明星了吧?

你没有再追问，也似乎懂了一些。

几天后妈妈发现你朝着爬到竹竿顶的同学子铭欢呼大叫："明星!明星!"

拥有了你的崇拜，子铭受到了极大的鼓舞，一次次滑下来，一次次爬上去，若你还没有来得及注意到已经爬到顶端的他，他会大叫你的名字让你看到他，然后你再一次热情洋溢地朝他大叫："明星！明星!"

你说，你还不会爬竹竿，不管怎么试，两腿都没有足够的力量。可是子铭一下子就爬上去了，高高地挂在竹竿顶，就像一颗明星，好厉害啊。

你的语气里满是赞赏与肯定。

想必你的心里也期待着有朝一日自己也能爬得上去，像一颗明星一样挂在竹竿顶上俯瞰整个校园吧。

临近期末的时候，舞蹈老师说要给你们编一个舞蹈选送电视台。那时候你才学习舞蹈10次课左右。妈妈问你："小鹿子，你觉得你已经跳得很好了吗?"

你摇了摇头。

"所以，这是因为你的老师舞跳得好，电视台把这个机会给了你的老师，你和小伙伴们作为学生沾了光。我们来聊聊为什么跳舞吧。"

我们从你许下愿望的那天讲起。小鹿子宝贝，你8岁生日那天，合掌闭目在烛光里非常认真地许了愿，然后凑到妈妈耳边怯怯地说："妈妈，我许的愿望是想要学跳舞。"

从那天以后妈妈就四处打听舞蹈老师，希望能找到一个热爱舞蹈，真心喜欢教孩子舞蹈的老师。

很幸运，在9月中旬，我们找到了张老师。面试之后，你就决定跟着张老师学，即使张老师的舞蹈学校离家有一段距离。你喜欢张老师，甚至有一天你还悄悄对妈妈说，你希望将来能当舞蹈老师，做像张老师一样温柔、美丽的舞蹈老师。

妈妈和你慎重地商量，除非舞跳得很好了，否则我们不上电视。学跳舞是因为喜欢，舞蹈能给你带来喜悦和美感，等到有一天我们真的跳得很好了再分享出来，把这份喜悦和美带给大家。

虽然你仍有些困惑，但还是接受了妈妈帮你做出的这个选择。

很庆幸的是，舞蹈老师非常理解我们的决定，也体贴地让你一起参加舞蹈训练课，只是最后不用去电视台。整个舞蹈排练期间你都很快乐，常常到了家还一边哼曲子一边跳，由于没有必须上台的压力，你非常享受舞蹈动作本身。临近上台的时间越来越近了，有一次，你回来说，小伙伴都说好紧张好害怕出错啊。

不过在此期间，你还是经历了两次小小的波动。一次是其他小伙伴在谈论她们漂亮的粉色纱裙的时候，你羡慕地说那裙子好漂亮啊，上面还有珍珠。大约陪跳舞的妈妈们也因为要上电视而兴奋地议论着吧。你有那么一丝的后悔。

“小鹿子，有一点我们可以很清楚，跳舞并不是因为有漂亮的纱裙，而是真的喜欢跳舞，即使训练很辛苦也不放弃。无论裙子多漂亮，跳得不好就是不好。只要跳得好，不穿漂亮裙子也依然美丽，也能带给观赏者美感，关键是好好跳舞，对吗?”

当时我们正在一起泡脚。你点了点头，心情平静地擦干净脚。

另一次是小伙伴的舞蹈在电视台播放后，小伙伴以及家长们骄傲地谈论起在舞台上的种种，还问你看过电视节目没有，手机上也有视频。你默默地听着，回到家不甘心也不理解地问妈妈：“为什么我不能去?”

妈妈只能和你说，因为你是新加入的，你学的时间太短了。等你跳得足够好了，妈妈会鼓励你把你那优美的舞姿展示给更多的人，让大家都感受到你对舞蹈的热爱。

做出这样的选择还有一个更主要的原因，妈妈当时没能和你聊，因为这部分内容与你和小伙伴无关，也是你们没有必要去了解的，现在可以和你聊一聊了。自己的孩子能上电视台表演让一些爸爸妈妈们很兴奋，虚荣心暴露无遗，似乎这是一件很长脸的事。妈妈们的态度自然会影响到孩子们，孩子之间难免会带着炫耀谈论起到电视台跳舞的事。妈妈不希望你被这种对待学习的态度影响，尤其是在你才开始学习跳舞的时候。学跳舞就是因为喜欢，能不能上台，能不能得到别人的称赞，能不能穿上漂亮的舞裙，都是次要的。要学好一个本领不是那么容易，更不会总那么快乐。并非随随便便跳几下，忽然天上掉下来一个机会，上了舞台去蹦跳几下就证明你自己跳得很好了，爸爸妈妈就该为你感到骄傲了。有些导演会说，观众不在乎一个小孩子能跳得多好，他们要看的正是孩子的天真烂漫。可是为什么要去讨好这些根本不懂舞蹈的观众呢？我们又不是小丑。这件事更坏的影响是会让你误以为：学一个本领原来是这样轻松，随便比画一下就赢得了掌声。

有些父母会说这是一个很好的锻炼机会，妈妈不认为一个没有准备好的孩子需要什么锻炼机会，什么都没有准备好时最需要的就是一个专注的环境，安安心心地做好准备。当你准备好了，基本功练得扎实了，舞蹈技艺提高了，这个时候给你一个舞台就能直接绽放，没有这个舞台一样能在舞蹈中收获喜悦，得到成长。基于此，妈妈帮你做了不上电视的决定。妈妈希望这么做能保护到你对舞蹈的这份热爱，也希望你能在学习舞蹈的过程中收获更多。

所以，我亲爱的宝贝，小鹿子，在你第二次问“爸爸真的是明星吗?”的时候，妈妈决定要在那周的“母女约会时间”好好和你聊一聊什么是明星、名人，爸爸是怎样的一个人。

那天我们在高非比萨吃的午餐。在放松自然的状态下，妈妈主动提起了这个话题。

如果明星、名人是指比较多的人认识他的话，你的爸爸有段时间算是一个明星。你的爸爸是因为他写的文章而被很多人知道。但是被很多人知道并不一定就是被喜欢，也会被很多人讨厌甚至咒骂。

如果说明星、名人是指在某一方面很有成就，比如歌唱得好，钢琴弹得好，舞跳得好，文章写得好，你的爸爸也算是个明星。

但是仅此而已，就是被一些人认识。你看你的爸爸和其他人的爸爸一样，是极普通的——你走累了，可以骑在爸爸脖子上；爸爸经常在厨房里炒菜；爸爸经常逗你玩，你生气了还可以朝着他喊“我不喜欢爸爸这样”，爸爸会立即道歉并来哄你。

那天，你的同学们在饭桌上谈起电视明星，什么李晨，什么杨颖……他们不停地赞叹，李晨好帅，杨颖好漂亮。你因为没有看电视，也不知道他们长什么样，只是安静地听着，大约也很好奇吧。是的，有些人因为长得漂亮而被羡慕、赞叹。好些演员的确都长得好看，但表演艺术家并不一定都很漂亮。从小到大，你也一直被身边的人们说长得漂亮，欣慰的是，你并没有因此沾沾自喜，而是感到很害羞，也没有觉得自己真的有多漂亮。你的同学可能会用羡慕的语气谈起你有一个“明星”爸爸，你也不用太在意。就像有些爸爸开着奔驰、路虎，一家人住着别墅，也不用羡慕一样。每个爸爸都是特别的、不一样的，同时又都是一样的，都是爱着你们的普通的爸爸们。不论什么身份，他们都会犯错误，都不完美，有人喜欢他们，有人不喜欢他们。

明星、名人、奔驰、宝马就好像一件漂亮的衣服，把衣服一脱下来，不过都是普普通通的一个人。

对于一个人来说，是衣服重要还是穿衣服的人重要呢?

没有穿漂亮的纱裙，你就不喜欢跳舞了吗?如果练习很多年都没有机会上电视，你会不会还坚持喜欢跳舞呢?如果答案是肯定的，你就是真喜欢，跳舞的路上你将感到幸福并且收获满满；如果答案是否定的，为什么还要这么艰苦地跳舞，不如直接买一件纱裙穿在身上好了。

你也可以想一想，是不是跳舞时穿纱裙的你比平时穿纱裙的你更漂亮呢？是舞蹈让纱裙漂亮了吗，还是舞蹈让穿纱裙的人更自信、更美了呢？

这个话题当时我没有和你聊，对于8岁的你来说，不需要思考这么多。但作为留给2年后的你的一封信，我把这些问题写下来，希望在那时候能帮助你更好地了解“明星”“名人”这些词，以及这种社会现象。

说来那天也巧得很，从高非比萨出来走在万达步行街，忽然一个年轻的阿姨朝我们走过来，递给我们一张名片。阿姨说你长得漂亮，希望你能参加电视台的试镜。你非常好奇地听着。阿姨拿出手机给你看一些小朋友在舞台上的照片，问你喜不喜欢像照片里的小朋友一样穿上漂亮的衣服在舞台上走来走去。你显然是有些心动了，小声地说：“还可以。”

收下阿姨的名片，我们往公交站走的途中你还问了句：“周末爸爸妈妈要上课，谁带我去电视台呢？”

我的宝贝，你当时在想些什么呢？有一些好奇和向往吧？也许还有些喜悦，因为一个陌生的阿姨上前来夸你漂亮，并邀请你去参加电视台的节目。也许也有些无所谓，因为毕竟太陌生、太遥远了。尤其对于几乎不看电视的你来说，对电视台并没有多少感性的认识。

妈妈当时心里其实有些矛盾和感叹，刚刚和你聊过了明星、名人，也不抵一个现实的邀请。当时妈妈的内心升起了一些骄傲和虚荣——你看，我的女儿是漂亮的。甚至在阿姨给你介绍节目的时候，有一瞬间妈妈的头脑里也闪过一丝贪婪——或许说不定这真的是一个机会。当时想，如果是一部电影的试镜的话，也许可以一试。

后来你也没有再提起这件事情。电视台来电话的时候，妈妈直接回绝了。

妈妈接连拒绝了你两次上电视的机会，但妈妈并非要完全把你包裹起来。只是机会需要选择，而究竟如何选择，我们只能一边走一边学习。妈妈相信机会从来就不缺乏，好好学习，打下扎实的基本功就是在做最好的准备。

妈妈热爱教师这个职业，同时也在勤奋地写作，并不拒绝出去演讲、上电视。爸爸也在用心做研究，用心写作。如果能用自己的热情、智慧、美丽感染更多人，给别人带来快乐，成为名人、明星也是一件非常愉快的事情。

让我们尽情做梦，也祝福我们梦想成真。

爱你的妈妈：文冰

我们家有三个大人了

徐莉：儿童课程规划设计师，关注和研究国内外主流及非主流教育理论与实践，为班级和学校订制课程。2015 年入选搜狐教育年度变革力教师，2016 年获第二届全人教育奖提名奖。同时参与编写多套国家与地方教材，参与报纸杂志、电视台、新媒体的教育类专题策划、报道。还担任各级各类校长培训、教师培训的培训师。已出版专著《没有指责和羞辱的教育》等。在儿童行为问题的理解和应对、儿童阅读推广、教师专业发展等方面，为教育从业者和家庭提供有价值的信息和建议。

小意：

我在饭桌上分享家庭动力学的观点，说到你未来的老公十有八九就是你父亲的样子时，你的父亲沉默了。我故意逗他："你希望我们家姑娘的老公跟你一样吗？"你父亲那叫一个纠结，过了一会儿咬牙切齿地说："当然不希望！"为娘真想仰天大笑出门去。后来我又坏心眼地转给他几个帖子，大意也是他的样子就是你未来老公的样子，你未来家庭的夫妻关系会与我们的夫妻关系家庭格局非常相似。他终于被吓坏了，小心翼翼地反复试探你，然后一再向我强调："她说她不会找个像我这样的。"我冷眼看他一边开心自得地吃着你做的美食，一边谆谆教导你：

“以后要找一个会做饭的和你一起做。”

你的父亲是能给我惊喜的人。比如 2015 年 5 月，我在北京出差，你发短信告诉我，说来例假了。我之前就跟你普及过这类基本知识，你还问过我关于“全班只有两个人没有来例假为什么其中就有我”“上体育课为什么女生说休息男生会嬉笑”之类的问题。我也无数次假想过那一天到来时你会怎么面对，但很遗憾，这个重要的第一次我不在你的身边。我赶紧打电话给你的父亲，嘱咐他给你买卫生巾，嘱咐他从容淡定，不要让你太尴尬。他后来发信息跟我说：“我告诉女儿我们家有三个大人了。”我把这句话算作过去十几年里他说得最像样的话，惊喜不已。他还说他已经陪你去超市挑选了卫生巾。虽然除了卫生巾广告他压根儿对卫生巾一无所知，但至少他能像你第一颗乳牙掉落时，我拉着你祝贺你一样，让你为成长带来的身体变化而欢喜。

我还记得你六七岁时，看完《世界上最脏最脏的科学书》，在饭桌上一边吃饭一边坦然地问我们：“你们俩有没有痔疮？”那时的我们显然没有准备好，只好尴尬地沉默。你自顾自地接着说：“你们俩肯定都有痔疮，你们总是蹲厕所里看书看报，半天不出来。”那时的我就意识到，我必须准备好像你一样，坦然淡然悠然自然超然地与你讨论所有私密话题。

这对我和你的父亲并不容易。在少年、青年乃至几十年的生命历程里，没有人和我们坦然淡然悠然自然超然地谈论这些。大人们为了让我们少惦记与性有关的一切，多选择避而不谈，如果不期而遇则表情嫌恶、眼神闪躲、恶声恶气。我知道最开明的父母是扔给女儿一本书自学，自生自灭，羞于启齿也代代相传。

我的身体知识启蒙者是你的姨妈，她给自己订了本《家庭医生》，然后爱搭不理地给我些混着谬误的散碎知识，弄得我在羞于启齿之外多了不少紧张兮兮和神经兮兮。直到上了大学，寝室里关系非常亲密的几个同龄人凑一起说起这些的时候，大家几乎都还是似懂非懂，相互传递谬误而不自知。你父亲的情况比我好不了多少，三观不正是我对他的描述，更因为他坚持认为在私密话题上作为母亲的我对身为女儿的你必然有更多的责任，我觉得以后你父亲恐怕也很难有机会再成长一下了。

但我希望你能和我们不一样，希望你永远像六七岁时那样，自在地和亲密的父母、爱人、朋友在安全的、恰当的关系之内，谈论所谓私密的话题。比如，坦然告诉我们和他们，你来例假了，所以情绪有些波动；你来例假了，懒懒地什么也不想做；谈论什么牌子的卫生巾用起来更舒服；谈论你更喜欢拥抱还是亲吻……

我们都是自己身体的主人，但它在不断变化，我们往往需要很有心才能慢慢了解，并和它好好相处。我曾经郑重地反复叮嘱你，关于身体的任何问题都可以问我，妈妈知无不言、言无不尽，如果妈妈不知道，妈妈会去寻找答案。妈妈自信在信息搜集和处理方面，高于社会平均水平。在不伤害自己的前提下，在保护好自己隐私的前提下，你还可以自己去探索、了解它。你不需要因此难为情和感到羞愧，注意不引起他人反感和不适就行了。

妈妈小时候，多数家庭都没有独立的卫生间和浴室，去公共厕所和公共浴室是难忘的经历。在众目睽睽之下裸露身体虽然尴尬，但也不得不努力适应。所以，当学校外教老师们强烈抗议开放式厕所时，我表示了极大的理解和支持，直接推动了学校厕所的改造。有些不舒服需要通过理解去消除，因为与亲密的人讨论私密话题没必要不舒服。还有一些不舒服也需要通过理解去消除，因为我们可以通过改善条件来解决陌生人之间的尴尬和不适。

妈妈在你这么大的时候在公共厕所和公共浴室遭遇过偷窥，在公共汽车上遇到过令人不舒服的身体接触……遭遇偷窥虽然让人紧张，但毕竟不是一个人面对，有大婶、大娘们理直气壮地处理，实在是含羞带怯又刺激的经历。后遗症是我会非常害怕独自去公共厕所和公共浴室，这是不是女性偏爱结伴去公共场所的原因？哈哈，胡思乱想。那时的我不会和任何人说起这些经历，只是闪躲，离开，虽然次数寥寥可数，但却积累起越来越多对陌生异性的不信任和警惕。这让我之后花了许多的力气去消解克服。

你回想一下，乘坐公交车遇到人多拥挤时，妈妈会带你远离陌生的异性，以前我并不解释，但是现在却要郑重地告诉你，背心短裤覆盖的地方应避免与他人的接触，即便是非常熟悉的人，令人感到不舒服的抚触也是要避免、拒绝的。遇到这种情况要离开或直接说“不可以”。记住，这样做你绝对没有错，只是表达自己的感受，你不必为此感到羞愧和无措。好女孩不只是纯洁、温柔、忍让、善良，也要会拒绝乃至反抗，在有能力的时候保护他人。

所有让你感到不适和受伤害的人和事，都可以告诉妈妈，记得妈妈永远站在你这一边，在意你的感受，维护你对自己身体的权利。你要说出来而不是沉默，可以和我们一起讨论、思考如何应对，得到支持和帮助。

比如，你告诉我，你的同桌男生 A 和后排男生 B 时常高密度地公开讨论性知识，你时常抱怨这种让人不适的“骚扰”，但又不愿意报告老师。你也不愿意因此追打他们，或者装出一副受惊吓的样子，甚至发出几声尖叫，你想想那个情形就会起鸡皮疙瘩。你的淡然、不予理睬其实也是一种应对策略。

你曾经也满嘴脏话而不自知，我因此给你解析了所有日常脏话的内涵，并进行了适当拓展——总结为性器官名词滥用和性关系混乱。“大姨妈”“小弟弟”“小三”“强奸”“猥亵”“遗精”……这些只是无知小儿拿性关系、性器官来开玩笑和说事。之后你再不说脏话，却能将老师和同学无意识中闹的笑话当作段子讲给我听。那篇《难忘的第一次》的习作，你几乎是从头到尾边写边笑。我摁着太阳穴说：“乖，老师打死也不会想到你们满脑子都是第一次拥抱、第一次接吻，甚至第一次做爱。”

当老师和许多成年人认为你们什么都不懂的时候，你们已经开始私下交流避孕套有哪些其他的叫法？如何使用避孕套？哪个国家的人性欲最强？“捡肥皂”是什么意思？同性恋有错吗？我有时会在心里赞一声，这个问题问得太好了。作为母亲，我需要思考如何组织语言，怎么能在简单而清晰表达的同时，给你归纳梳理背后的价值观念：

1. 所有别称都有刻意隐晦的意思，类似暗号和密码，不想公开谈论，不想众所周知。所以性话题的第一要义是文化禁忌，不能因为我们能做到开诚布公地谈论，而无视别人的感受，对象和分寸必须谨慎把握。

2. 生育不能只是男女双方生理成熟了，都喜欢孩子就可以带来一个生命，生育意味着之后必须承担教养之责。就像我们都很喜欢狗狗，但我们的工作、学习压力太大，如果仅凭喜欢就领养，会拉低狗狗的生活质量，所以我们因为爱而不养。避孕套和避孕药在人们没有准备好，不确定能带给孩子幸福的时候，为人们提供了选择的可能，是社会的文明和进步。

3. 避孕套除了避孕，还能防止性病传播，男女都应该学习使用。正确使用避孕套可以为双方提供安全保障。

4. 越来越多的人认同同性恋不是一种精神疾病。虽然他们是少数，但是作为多数的我们不可以心安理得地代替他们做选择和判断。

5. 在性的问题上，更多时候是人之常情，多些理解，不要老是拿对和错来做是非判断。

6. 那些纯粹属于猎奇的问题，考究起来没有任何科学和事实作为支撑，玩笑而已，别当真。

这一两年，我和你时常聊起青春的残酷，给你解释什么叫身心发展的不平衡，提前告诉你内分泌变化导致身心变化可能带来的不适感，帮助你理解自己，进而主动自我调整。但我又是非常谨慎的，让所有的交流和指点尽可能地自然、平淡，反复提醒你理解并尊重别人家的父母的观念和态度。

我总是担心给你讲得太多，让你忽略了这其实是私密的话题；但是我又总担心自己讲得太过简略含混，让你好像什么都知道其实什么都不明白。其中分寸，哪里那么容易掌握呢！

我知道，自己或许能用坦率减少你在幽暗中的探索和不必要的心理重担，但那些负担未必不是好的，只有经历过伤痛和承担重负的人，才能理解并接受我们所能获得的一切。

徐莉

和海外的你聊聊“身份认同”的话题

张俐：三个孩子的妈妈，“70后”，成都人，最爱银杏树和竹林。20岁从教至今，其间来来回回有十几年在海外学习、生活和工作的经历。2004年成为中国第一所华德福学校的创办人之一。现任成都华德福学校的教学校长，中国华德福幼教论坛主席，以及国际华德福/施泰纳幼儿教育联盟议会成员。长期从事师资培训、家庭教育和学校管理等工作。

亲爱的时鸿：

生日快乐！

妈妈很想念你！很想好好抱你一下！今年，因为工作，我不能在你的身边为你庆祝生日，只能在地球另一边，远隔千山万水写下这封信，希望你在14岁的第一天能看到我给你的生日祝福和寄语。

14年前，5月的一个清晨，在美国新泽西州一个安静而美丽的小镇，你出生了。那天，爸爸一直守护在妈妈身旁迎接你的到来，医生和护士耐心而温柔地照顾着我们。那天，你的时语姐姐和时鸣哥哥看着小小的你躺在妈妈怀里，充满了惊喜和好奇，轻轻抚摸着你的小手和小脸，惊叹着：“弟弟好可爱！弟弟好小啊！弟弟好漂亮啊！”时鸣兴奋地说：“弟弟是我最棒的生日礼物！”因为他的生日是5月20日，而你是5月

19 日，只是你们相差 5 岁！巨大的喜悦和爱因为你而充满我们这个五口之家。

那天上午，我们居住的社区正好在庆祝一个 5 月的传统节日，当人们聚齐了后，第一件事情就是为你唱了一首欢迎祝福歌！很多人还给我们送来鲜花和礼物。远在中国的爷爷、奶奶、外公、外婆、姨妈、姑妈们都为你的到来而兴奋、喜悦，遥寄来祝福。你看看，你的到来给这么多人带来喜悦，所以，你真的是一个受到很多欢迎和祝福的孩子，是幸运的孩子，是有光照耀的孩子。

我一直相信一个人出生那一刻的氛围和感受会像烙印一样伴随他未来的人生旅程。所以，这 14 年来，无论在哪里，你一直很受周围人的欢迎和喜爱。不仅仅是因为你很优秀，而且因为你心中有爱，你的友善和真诚是周围人都能感受得到的。记得曾经教过你的老师们，无论是国内的老师，还是加拿大的老师都说你是一个非常友善的孩子，同学们都喜欢和你做朋友。你也是一个“peace maker”，和平营造者。因为你总能用你的“魔法”去帮助那些有矛盾冲突的朋友再次友好相处。我曾好奇地问你是怎么做到的，你说：“很简单呀，观察和沟通，听他们说，找机会让他们聊天，然后鼓励他们一起玩，他们就和好了!”

我很吃惊小小的你有如此的智慧和能力。是呀，在人际关系中，观察、聆听、沟通是我们每个人相遇的桥梁，因为这个桥梁，我们遇见彼此、认识彼此、理解彼此、尊重彼此。而一起玩、一起做事、一起生活使我们能更进一步地链接，让我们共同合作。“合作”是人类赖以生存的方式，几乎没有人能够完全脱离社交关系这张网。与人为善，是很重要的。如何友善地相处常常是我们要面对的挑战，而善意相处的源头就是对彼此生命、对个体特质的理解和尊重。你能懂得如何与人相处，帮助他人，真好！妈妈为你而骄傲！

你不仅仅是一个很有同情心的孩子，也是一个很有主见的孩子。记得2014年，在你12岁的一天，我和你、你哥哥聊天，你说：“人生就像一列驶向前方的火车，有很多、很多车厢，每节车厢就是一天，每天我们都从一个车厢进入另外一个车厢，每天晚上睡觉就像通过一个通道进入一个新的车厢。其他人的人生都是为你而创造出来的，你在我的世界里是虚幻的，我在你的世界里也是虚幻的，每个人的世界只有你自己。”

我是谁？我来自哪里？要去哪里？简单而伟大的哲学三问，在成长的过程中，让我们不断探索，去发现和认识自己。你所说的就是你自己对人生、对自己的感悟和想法，很特别，是属于你的思想财富。是的，一方面，拥有自己的洞见和观点，独立于周围，这是一种难能可贵的品质，这可以使我们逐渐成为一个真正的、成熟的人，成为自己。当然，要获得这些独立思考，也会有一些孤独和困惑，甚至可能会和别人产生冲突。但如果能与自己的孤独相处，甚至沉浸在那样一种困惑中，是对自己生命的理解和尊重。另外一个方面，我们是社会人，因为有着对自己生命的理解，也许更能理解他人的生命，而成为我们作为社会人的基础。

你14岁了，在未来的岁月中，妈妈希望你既能对他人保持兴趣，能聆听、理解和帮助他人，也能保持自己独立的思考和观点，选择你自己能承担的责任，这将是我们人生旅途中最重要，也是最艰难的任务。

你在美国出生，两岁半回到国内生活了6年多，又搬家到加拿大生活了5年，其间两次回国上了一段时间学，确实有一些折腾。上周，你和爸爸说你打算在高中期间再回国上学，因为你想念国内的伙伴，也想多学习中文。你很幸运，因为全球华德福学校的教育理念和教学方式都是一致的，教学内容也有很多相同之处，只是语言、文化和社会环境不同。所以，华德福的孩子能到全球任何地方的华德福学校上学或游学，并且都能如鱼得水一般自在，在安全和被照顾的环境中体验到不同的文化。

还有，在华德福学校里，你们从小就可以在世界多元文化的海洋里遨游。在中国的华德福学校，世界各国的童话和中国的神话故事就一直伴随着你们从幼儿园到小学。在小学，每学年里好几个月你们都是在研究学习中国上古神话、《西游记》、《黑暗传》、《封神榜》、世界各地的创世故事、北欧神话、古印度文明、古波斯文明、古埃及文明、古希腊和古罗马文明等，学生们能从各个维度体验东西方文化，畅游其中。

曾记得你姐姐的几个同学说，当她们上大学之后，发现和其他同学相比，她们对不同的思想、观点、背景，甚至文化能更开放地接纳，有更多的理解和兴趣，而非狭隘地评判和抵抗，但自己也很清楚自己的核心价值和文化特质，不是随风摇摆。她们说，这也许就是源于从小对世界多元文化的学习和探索的广度和深度，同时，年复一年的中国传统节日的庆典活动尤其是祭奠仪式，也强化了自己作为中国人的深刻感受。

20 世纪 90 年代末，妈妈爸爸在美国留学，第一个春节去了纽约唐人街看庆祝活动，街上张灯结彩，舞龙舞狮，锣鼓喧天，很多人都穿着唐装，喜笑颜开，拱手作揖，恭祝新春。是呀，在海外，很多华人对中国传统节日的庆祝，似乎比国内还更看重、更认真、更享受。还记得这几年的春节，在我们小镇上，谭颖阿姨带领我们一起过中国年的场景吗？剪纸、春联、古筝、包饺子、写福字、讲“年”的故事……大家是多么骄傲和开心呀！而当那些小留学生们来我们家一起做月饼过中秋节的时候，你看到了吗，他们非常开心和享受，也许这些月饼给了他们家的感觉吧。在这些时刻，我们能深深地认同自己中国人的身份，有一种踏实的感觉，那就是根。

在这个时代，像你这样经历的孩子会越来越多。比如我们身边的子林哥哥、盛菲和盛雯姐妹那样的中国留学生们，以及小美、安安、Harry 那样从小在温哥华长大的中国孩子。我想，也许有一天，一个问题会出现在你们心中：“我到底是中国人，还是加拿大人，还是美国人？”记得

3 年前，我们一家去大理旅行，有朋友问你们：“中国文化和西方文化哪个更好，你更喜欢哪个？”你的姐姐和哥哥同时回答：“每一种文化都有它存在的价值，有它自己的特质，都很有意义！”他们又笑着说：“中国文化非常好，很有意思，我们想学习更多。对了，中国菜最好吃，希望天天都能吃中国菜！”民以食为天！这就是最朴实、最基本的中华文化和传统。

“身份认同”是过去很多海外华人都会面对的问题，随着时代变迁，你们这些孩子更像世界居民一样穿梭在东西方的国度和文化之间。你们会看到国内和西方的差距在变小，全球化趋势让这个“身份认同”的问题也在变化。未来，“哪一国人”的区别也许会更多体现在护照上，而在文化、思想和传统习俗上却是随人而定的，希望只要人在，文化、思想、传统就在，无论在何地。

你今年 14 岁了，也许偶尔也会想到关于“身份认同”的问题，对此，我无法给出答案，因为每个人、每个时代的情况都不一样。但我相信，除了阅读、学习以外，如果你能去享受美味的中餐，和大人一起庆祝中国的传统节日，在实实在在的人间烟火中去体验中华传统文化和风俗民情，就会一次次地认同自己作为中国人的身份。

我是谁？来自哪里？将会去哪里？也许是我们一辈子都探寻的问题，这个过程会有喜悦，也会有难过；有赞同，也会有质疑；有顿悟，也有困惑，而只要在这光与暗之间会出现彩虹，让人生丰富多彩，这一切就都是有价值的。

最后，妈妈想告诉你一个好消息，爸爸的好朋友阿聪叔叔带领他的团队发明的“飞乐思”成功了！这个产品受到几位大企业家的赞赏并给予投资。这是一个把可控的电发热膜用于实际生活的创新，像衣服、被子、围巾、做饭之类的，多么奇妙而有用的发明呀！记得，我们一起参观阿聪叔叔的公司时，我问他：“对于你来说，成功的关键因素是什么?”当时他毫不犹豫地说：“兴趣！专注！坚持!”是的，这就是妈妈想给你的生日寄语：兴趣、专注和坚持。你那么喜欢钢琴，可以看着视频就学会一首曲子，会自己编曲，背对着钢琴也能听出各种和弦，很了不起！但要发展这些能力和天赋，就得专注和坚持！妈妈希望你多做一些更具有创造性的工作，听音乐、运动、绘画、做木工、阅读等，让自己更加充实，并做到专注和坚持。这样的专注会贯穿到你的头脑中，增强你的思考和辨别能力，探索身份认同的道路是需要思考和感知力的。

好了，希望妈妈写的这些都能被你看到，你一定会有自己的想法和观点，欢迎写信给我。

再次祝你生日快乐！心情愉快！成长为英俊潇洒的翩翩少年！

永远爱你的妈妈

直视骄阳

——和女儿聊死亡

周其星：深圳实验学校小学部语文教师，课程设计师。著有《彩色的阅读教室》《彩色的写作教室》，参与编写了《一位诗人的诞生》《百千大阅读》。

亲爱的晓语：

那时你还小，也就5岁。有一天晚上，你在吃饭，我在看书，突然你问我："爸爸，我会不会变老？我老了以后怎么办？"

那是你人生中第一次对生命的老去以及死亡产生恐惧，也是你第一次直视骄阳——死亡。死亡如同正午最刺眼的烈日，让人不敢直视。

记得当时我愣了一下，我很奇怪，你怎么会突然冒出这样的问题来。我不想刻意掩饰这个真相，尽量用平淡的语气回答说："当然啊，每个人都会变老的。"

"是不是变成老头子？"你继续追问。

"男人会变成老头子，女人会变成老太婆。"

"我老了以后会不会死？"

你终于问出了心中的担心。坐在一旁的奶奶赶紧拍了一下你的屁股，在老人家看来，不该问这些不吉利的话，因为在我们的文化里，"死"

是一个很忌讳的字眼，孔老夫子就说过“未知生，焉知死”。虽然大家都知道人总是要死的，但人们对死还是讳莫如深，更多地视死为生命的寂灭，是神秘的未知，是黑暗的深渊，是万劫不复的虚无，是阴森可怖的地狱，是灵魂出没的场所。就连3岁左右的小孩都知道，“死”是一个不好的字，死了就再也见不到了，会说出“我不想他死”这样的话来。

在古代，“死”这个字其实是带有歧视性的，地位高的人过世了，得以“卒”字称之，配不上“卒”字的老百姓才称为“死”。《礼记·曲礼》上说：“天子死曰崩，诸侯曰薨，大夫曰卒，士曰不禄，庶人曰死。”

为了躲避这个字眼，我们的祖先创造了很多词语，例如：走了、离开、去世、羽化、仙逝、安息、升天、归神、圆寂、大去、往生、不起、作古、亡故、过世、谢世、长眠……你看，是不是很委婉？还有更文雅的说法，例如：驾鹤西归、撒手人寰、仙凡路隔、归于极乐、天人永隔、一命呜呼、与世长辞……其实，这些词语里，包含了更多对死本身的理解和对死后的寄托与期望。

“太老了就会死，人总是要死的。”我不想隐瞒也不想回避这个结局。什么是“生”？甲骨文中的“生”字，像是一棵小树苗破土而出；金文里的“生”字比甲骨文中多了一对枝条；到了篆书里，下面像“土”，上面像“出”，意思是“林木生出于土上”。就这样一个简简单单的字，却积淀了我们祖先的智慧，它展现给我们的是这样一片生机：生命正从大地萌发，获得绽放，可见阳光，可沐雨露，可听鸟啼虫鸣，可享清风阵阵。生命盛开于春，繁茂于夏，灿烂于秋，静寂于冬，最后零落成泥，归于自然，在下一个春日，又以养料的方式渗入泥土，并最终进入根植于这块泥土的另一个生命体的循环中。纪伯伦在《先知》中这样说道：“只有当你们在沉默之水中取饮，你们才真正歌唱。只有当你们到达山顶，你们才真正开始攀登。只有当你们的肢体被大地占有，你们才真正起舞。”生命的历程就是这样绵延不息地轮回与循环。大自然中这些关于生死的告示，屡见不鲜，我们怎么可以视而不见？

“我怕死。死了以后会怎么办？”

这真是一个大问题。即便我们懂得所有这一切，依然无法阻止我们对死亡的恐惧，就像你害怕会变成泥土不能呼吸、不能奔跑、不能和我们在一起……

我一时不知道如何去回答你了，虽然我一直在关注和研究死亡文学，也读过很多这一类的书籍，可是，我也只是在补课而已，因为我的父母你的爷爷奶奶，还有我所有的老师都没有跟我谈过这样的话题。我是听着鬼故事长大的，对黑暗、对棺材、对死亡本能地害怕。那些死亡哲学和死亡文学的书籍，确实能帮助我更好地认识生命，理解死亡。原来死亡是需要训练的，我们需要勇敢地直视骄阳。

“死了以后啊……”我在想，该怎么跟你说呢，毕竟我所知道的也有限，死亡是人最大的秘密。人死了以后会怎么样，没有人知道，因为没有人会回来告诉我们，所以人们只能借助宗教或者文学的方式来解释死亡。就这样，我一边准备措辞一边慢慢回答你：“每个人都会变老，每个人都会死的。说不定，死了以后就会到另外一个世界去。”

“怎么去啊？”

“可能是飞过去，或许会像那个老獾一样，要经过一个长长的隧道。”这个时候，我们共同读过的图画书《獾的礼物》就派上用场了。故事中的獾，就是因为太老了，时间用完了，所以经过一条长长的隧道，丢下拐杖，去往另一个世界。

“像那个獾一样丢掉拐杖吗？”

“是啊。在那里，你就可以见到我和你妈妈了，我们在那里等你。”说到这里的时候，我难免有些伤感。

“太老了我怕打针，我怕痛。”

“打针肯定会痛的，要做个勇敢的人，忍一下就过去了。”为了进一步说明这个对你来说有些深刻的道理，我继续说，“人死的是他的身体，灵魂会飞到天上去”。在《妈妈走了》这本书里，故事中的爸爸告诉女儿，房间里躺着的不是她的妈妈，而只是她妈妈曾经住过的地方。这样我们就可以更好地理解：身体是灵魂寄居的房屋，一个人的离开，只是灵魂告别了房屋，重新换了一个新的住处而已。

“什么是灵魂?”

“灵魂”这个词，对你来说，很突然也很新鲜，不过跟我小时候相比，就显得温和多了，因为我从长辈那里得到的是另一个词——鬼魂。这是一个说出来都很恐怖的词，关于它的一切回忆，我从中得到的只是惊悚，跟爱无关。

“灵魂就是你身上最美好的东西。”我不想把儿时的恐惧传递给你，我希望你获得的是更加温暖和美好的东西。

“那么我有没有?”

“傻瓜，你这么可爱肯定有的，每个人都会有。”

“它在哪里?”

“它就住在你身体里，平时是看不见的。有时候你在外面吓坏了，它就会跑出去，就要去叫魂，‘晓——语——，回来哟——’，它就会回到你身上来。爸爸小时候有天晚上看见了一个黑黑的怪东西，吓得飞快地跑回家，就是奶奶帮我叫魂，才没有生病呢。”

听我这样说完，你终于呵呵地笑了，接着吃你的饭，我继续看我的书。

自那以后，你再也没有向我问起过类似的问题，似乎经过这一番对话，你获得了内心的安宁，不再去担心，也不再去焦虑。有人说，死亡之毒最好的解药是爱，人的生命可以终止，但是爱却不会。

还记得有一天深夜，我接到远方一位朋友的电话，电话那头朋友的声音瑟瑟发抖，我想一定是出了什么事。在我的安慰和鼓励下，朋友断断续续地告诉我，她的表弟今天刚刚被一辆冲向人行道上的车给撞没了。她很难相信，一个活生生的人竟然就这样消失了。以前，朋友也一直在关注着我的死亡文学教育，但是，她从来没像现在这样真切地感受到死亡离她是如此之近：刹那之间，就夺走了她的一位亲人。

时间已经过去了很久，那个晚上朋友打来的电话，却一直响在我的心里，电话那头朋友颤抖的声音也一直在我耳边回响着。我在想，她为什么单单打电话给我，是不是就像她所说的那样，正是因为我一直在关注着生命教育，她就认定我是她所有的朋友中最能懂得她那时悲痛心情的人。其实，远在深圳的我又能替她做什么呢？我只能很坦率地告诉她，即使我遇上这样突如其来的打击，也会感到害怕，感到愤怒，感到伤心，也会流泪，不知如何是好。这些都是很正常的反应。悲剧已经发生了，我们再也无力改变这样的结局，但是我们不能把所有的精力都用在悲伤上，活着的人们更需要去关心和爱护，他们的悲痛更深、更大、更长久。在死亡面前，我们要做的不只是悲伤，或者愤怒……我对她的安慰，也只是将我曾经读给你听的故事再讲一遍给她听罢了，故事里的一些语句或许能触动她的心，在她遭遇极大悲痛的时候，能够带给她些许的安定。

说来也怪，无独有偶，后来又有一天，在一堂课后，班上的一个小女孩低着头走向我。我问她怎么了，是不是哪里不舒服。小女孩低声地告诉我，妈妈回老家去了，因为外婆——走了。话刚说完，她已是泪流满面。我的眼睛也立刻湿润了，我什么也没说，只是轻轻地搂着她。

“外婆一定是去了另一个世界，对不对，周老师？”那个小女孩仰起脸来问我。

我用力点了点头。

至今我都没有去问这个小女孩，为什么要把这个消息告诉我，我为能成为她心灵的依托而感到欣慰。我相信，平时讲过的那些关于死亡、关于生命、关于爱的故事，一定能在很多孩子心中涂上一层温暖而坚实的底色。生活中难免会遭遇风风雨雨、生离死别，而阅读过、思考过生与死的孩子，是能够更坚强地去面对现实的。

最后，我想给你讲讲你的好朋友小朵的故事。

小朵曾经养过一只小兔子，她给它起名叫小牙。小朵很喜欢那只兔子。一天，小朵放学回来后，发现小牙突然不会动了。她觉得很奇怪，但是也没有悲伤。等她妈妈回来以后，她一直问妈妈为什么。妈妈说她也不知道小牙为什么死，但是它死了以后就不可能再活过来了。小朵这才很伤心地哭了起来。后来，她们想了个办法，找了个盒子把小牙装起来，把它埋在了花园里的桂花树下面。妈妈说，等明年春天，小牙就会变成小芽发出来，到时候小朵就能重新看到小牙了。

后来，妈妈带小朵和小开心（小朵的邻居，6 岁，那时正读一年级）两个人去给小牙挖了坑，把小牙埋好后，妈妈让她们两个跟小牙告别，再跟它说说悄悄话。两个小朋友都哭了。跟小牙道别后，她们一起回家了。上楼后，妈妈带她们给小牙画像，每个人都画了她心目中的小牙。小朵画的是一只七色的小兔子，小开心画了画之后，还要求小朵妈妈帮她写上字：“小牙，春天再见。”

再后来，小朵每次经过花园都会绕道走到那棵桂花树下面，跟小牙说说话，有时候就是打个招呼，甚至滑冰的时候也不忘冲那棵树远远地招个手。有一次小朵还拉着妈妈专门跑到那棵树面前，指着一朵刚打苞的小桂花说：“妈妈，你看，小牙哎。”然后用力闻了闻，闭着眼睛陶醉地说：“嗯，小牙的味道。”还有一天晚上，她们一起经过桂花树的小花园，小朵突然说：“妈妈，小牙的灵魂是毛茸茸的，好温暖啊！”月光下，小朵的眼睛里没有害怕和惶恐，只有她对小牙平静而略带惊喜的怀念。后来，小朵妈妈问小开心原来画的小牙还在不在了，她把手放在胸前说："一想起这个就好感动啊。"

你知道，爸爸很喜欢看电影，也很喜欢听音乐。《入殓师》这部电影讲述了一位日本入殓师的生活。影片中，年轻的入殓师因为工作的原因，接触并观察到生活中各种各样的死亡，更是深深地感受到围绕在逝者周围浓浓的爱。影片中男主角小林大悟拉的大提琴曲子听得让人心碎，并让我想起了日本歌手新井满演唱的一首歌《化作千风》："请不要/伫立在我坟前哭泣/我不在那里/我没有沉睡不醒/化为千风/我已化身为/千缕微风/翱翔在无限宽广的天空里//秋天/化身为阳光/照射在田地间/冬天/化身为白雪/绽放钻石光芒/晨曦升起时/幻化为飞鸟轻声唤醒你/夜幕低垂时/幻化为星辰温柔守护你//请不要/伫立在我坟前哭泣/我不在那里/我没有沉睡不醒/化为千风/我已化身为/千缕微风/翱翔在无限宽广的天空里。"

孩子，生命的存在一定会有很多的形态，就像童话《去年的树》里的那棵大树。你要坚信，无论它以什么形态存在——变成小芽，化作千风，或者化为烟火，你所爱的那个人，一定都在，一直都在。

你的爸爸

图书在版编目（CIP）数据

教育，伴随着成长 / 蔡朝阳编著. — 太原 ：山西教育出版社，2020.5
ISBN 978-7-5703-1062-3

Ⅰ. ①教… Ⅱ. ①蔡… Ⅲ. ①儿童教育—文集②青少年教育—文集 Ⅳ. ①G61-53②G775-53

中国版本图书馆 CIP 数据核字（2020）第 068724 号

教育，伴随着成长

JIAOYU，BANSUI ZHE CHENGZHANG

选题策划 师想家
责任编辑 许亚星
复　　审 李梦燕
终　　审 康　健
装帧设计 郭俊杰
印装监制 蔡　洁

出版发行 山西出版传媒集团·山西教育出版社
（太原市水西门街馒头巷 7 号　电话：0351-4729801　邮编：030002）
印　　装 山西天每印业有限公司
开　　本 720 mm×1020 mm　1/16
印　　张 10
字　　数 122 千字
版　　次 2020 年 5 月第 1 版　2020 年 5 月山西第 1 次印刷
书　　号 ISBN 978-7-5703-1062-3
定　　价 38.00 元